Le Soi

Le Soi

La plénitude au cœur de la vie

DESTHEIN

Ouvrages Publiés par Desthein Teachings
url: http://:www.desthein.com

Première publication 1991
Deuxième publication et révisée 2015
Troisième publication 2018

© 2014 tous droits réservés. Desthein Teachings

Dépôt Légal 2015
Librairie et Archive Canada

ISBN
978-0-9782927-7-5

Table des matières

Chapitre I 1
Chapitre II 3
Chapitre III 10
Chapitre IV 17
Chapitre V 24
Chapitre VI 32
Chapitre VII 42
Chapitre VIII 49
Chapitre IX 56
Chapitre X 63
Chapitre XI 68
Chapitre XII 75
Chapitre XIII 81
Chapitre XIV 89
Chapitre XV 95
Chapitre XVI 101
Chapitre XVII 108
Chapitre XVIII 114
Chapitre XIX 121
Chapitre XX 128
Chapitre XXI 135
Chapitre XXII 141
Chapitre XXIII 150
Chapitre XXIV 156
Chapitre XXV 165
Chapitre XXVI 172
Chapitre XXVII 179
Chapitre XXVIII 185
Chapitre XXIX 191
Chapitre XXX 198
Chapitre XXXI 204
Chapitre XXXII 212
Chapitre XXXIII 217
Chapitre XXXIV 222
Chapitre XXXV 227
Chapitre XXXVI 232

Chapitre 1

Lorsque l'esprit se tourne vers l'intérieur, questionnant ce qu'il est, sans attente de réponse, il s'abandonne – s'unissant à la lumière du Soi.

À la source, la lumière s'éclaire par elle-même, se nourrit par elle-même. Mais lorsqu'au contraire l'esprit est agité, non seulement cherche-t-il réponse à ses questions à travers la pensée, mais se préoccupe de se parfaire dans les choses extérieures à lui. Par là l'esprit se meut dans la noirceur et s'emprisonne dans le cycle des naissances et des morts.

Fatigué par ces douleurs et ses lamentations, l'esprit cherche à évoluer spirituellement. Il approfondit les connaissances objectives ou renonce au monde et cherche à se rapprocher de la lumière. Cependant, c'est toujours l'esprit identifié au mental, méconnaissant encore l'existence de sa vraie identité – l'identité qui se tient indépendamment des pensées, résidant dans son propre éveil pour toujours.

Le Soi est la seule réalité permanente et nous sommes Cela. Au contraire, ce que nous croyons être, est essentiellement dû à l'illusion, à l'ignorance. Mais dans la lumière, il n'y a plus d'ignorance, nul objet de l'esprit, le savoir objectif s'écroule comme le monde perceptible. Le temps et l'espace n'ont plus de sens, la naissance et la mort font place à la lumière éternelle. Cela est l'immortalité de l'âme.

En le Soi réside le plus grand potentiel dont l'esprit humain ne pourra jamais trouver dans ses déploiements mentaux. L'esprit humain ne fait qu'élaborer sur un monde limité, relatif à sa propre imagination. L'esprit croit agir par lui-même lorsque c'est du Très Haut que s'effectuent toutes choses. Comme l'esprit n'est pas en relation directe avec le Très Haut, ses actions ont pour cause le moi ; d'où s'enchaîne la loi des causes et des effets. De cet entre-vêtement l'esprit cherche à s'en sortir et ce, soit dans le monde des sensations, soit dans le monde du mental.

Tout esprit cherche la même chose et passe indéfiniment d'une expérience à une autre, d'un savoir à un autre, sans jamais parfaitement reconnaître que ce que l'esprit cherche vraiment, est de retourner à la source de lui-même.

Tous nos désirs ont, en fait, la même base, qui est le désir de retrouver le seul amour, la seule paix, la seule liberté. Pourtant, seul a toujours existé le Soi. L'esprit se réveille d'un rêve et de la même façon, le monde aussi se réveille. Quand l'esprit s'illumine, le monde aussi s'illumine.

Le monde matériel et spirituel n'existent qu'en soi-même. En le Soi, il n'y a point d'enfer, point de paradis, point d'esprit ignorant ou éclairé. Seul en esprit ces mondes existent et ils existent, comme notre monde et ses tribulations ! Mais lorsque l'esprit s'éveille, le monde aussi s'éveille et la lumière éclaire de partout.

Chapitre JJ

En le Soi existe tout pouvoir, tout potentiel, toute action. Même si nous nous imaginons être l'entité qui décide d'organiser sa vie d'une façon ou d'une autre, c'est toujours du Soi que l'action prend son origine.

Ce que nous faisons de notre vie ou ce que nous sommes amenés à vivre est prédestiné, conçu à l'origine par l'esprit omnipotent. Alors, que nous luttions contre le cours que prend notre vie ou que nous nous en fassions sur la façon que les choses devraient se passer, ne change pas le fait que ce qui doit arriver, va survenir de toute façon. Mais cela, l'esprit ne peut se l'imaginer. L'esprit croit en l'existence d'un libre arbitre. Mais la vraie liberté n'existe qu'en le Soi seul. Le reste est un jeu d'apparences. L'esprit, dans l'illusion, croit changer sa route d'une façon ou d'une autre, comme étant à l'origine des choix dans sa vie. Mais curieusement l'esprit s'éveille et se libère par la seule Grâce du Soi.

La lumière ne se retrouve pas dans les objets reflétés, lesquelles, d'ailleurs, n'existent qu'en esprit. Celui-ci croit trouver son identité dans son identification avec les objets qu'il perçoit. Cela commence avec l'identification avec le corps. Par erreur, nous nous identifions à notre corps et ainsi l'esprit se consolide une carapace qui est le moi. Alors toutes nos ambitions tendent à élargir ce moi, qui, par ailleurs, n'est jamais satisfait. C'est cela la souffrance.

Lorsque le moi prédomine le champ de notre existence, le passé et le futur aussi nous asservissent. Nous naissons puis mourrons. Un désir fait place à un autre désir. Le moi donne naissance à la continuité de ce que nous croyons être notre vie dans le temps. Sans désir il n'y a pas de temps, pas de naissance ni de mort.

Tout prend place qui doit prendre place, que l'esprit soit dans les enfers ou dans les paradis ! Mais lorsque tourné vers l'intérieur, l'esprit s'illumine. C'est ce qui est essentiel. Cette réalisation réside déjà à l'intérieur de l'esprit, même si cette réalisation demeure malencontreusement voilée.

La vraie connaissance, ni ne vient, ni ne va. Ce qui vient et ce qui va, n'existe qu'en esprit. Ce qui demeure et reste in-affecté par tout changement, est Cela qui est l'identité véritable. Toutes expériences vont et viennent. Tout éveil va et vient comme toute douleur. Que l'esprit laisse passer et qu'il réside immobile dans Cela qui ni ne vient ni ne vas, dans Cela qui n'a ni début ni de fin.

La création infinie prend place dans le Soi mais n'est pas le Soi. La création est l'expression du potentiel infini du Soi, mais le Soi demeure indépendant puis-qu'Absolu. L'immensité de la vie, du plus petit ou plus grand, est la manifestation de la qualité infinie du Soi.

Que nous soyons amenés ici ou là, l'essence de l'esprit demeure la même, en cet immuable et tout prend place qui doit prendre place.

Par force des choses l'esprit en vient à se poser la question qui "suis-je ?" C'est dans la nature de l'esprit de prendre pour acquis qu'il constitue une entité tangible, divisée du monde. Prisonnier de lui-même et emprisonné dans le temps et l'espace, il cherche à retrouver sa demeure, son union avec le permanent, l'impérissable. Mais l'esprit, n'étant que l'expression d'une conscience incomparablement plus large, cherche à devenir autre chose que ce qu'il est. Ceci étant, ce qu'il trouve, est encore plus de misère.

La souffrance ne peut se poursuivre ; c'est pourquoi l'esprit cherche éperdument les moyens d'en sortir. Se faisant, les connaissances et les expériences deviennent indispensables. Le problème est que l'esprit n'est qu'une partie, une expression de quelque chose d'encore plus vaste et dont il n'est point divisé. Lorsque nous regardons l'océan, notre regard s'arrête sur les vagues qui vont et viennent, et nous parlons des vagues comme si elles se divisaient de l'océan. Les vagues et l'océan sont une seule et même chose et il en va ainsi de l'esprit et du Soi. L'esprit n'est qu'une feinte apparition en ce Soi et cette apparition doit reconnaître sa source dans l'existence et la conscience non-née, de façon à renaître sous la lumière de son union avec d'une part la conscience universelle et d'autre part et essentiellement son union avec le Soi.

L'esprit est l'expression formelle de ce qui est sans-forme. L'esprit ne peut pas se comprendre par lui-même, avec des données intellectuelles sans grande signification. Par lui-même il n'est rien et ne peut rien accomplir de significatif comme tel. Tourné vers l'extérieur l'esprit ne perçoit que le monde des formes qu'il tente de consolider. Soit qu'il tente de s'en approprier, soit qu'il cherche à s'en retrancher. Mais tout cela ne se passe qu'en lui. C'est en fait une manifestation d'une conscience collective encore ignorante du processus de cause à effet. Le monde apparaît avec l'esprit et disparaît avec lui aussi.

Comment sait-on que le monde existe, sinon à travers l'esprit ? Qui est cet observateur selon lequel le monde manifesté est perçu ? Existe-t-il réellement un univers séparé ou indépendant de l'esprit ? Celui-ci crée le monde des objets et leur interprétation. Alors le monde n'est plus perçu pour ce qu'il est. L'esprit n'est qu'une ombre, comme est le monde. Toutes connaissances et expériences, n'appartiennent qu'à l'esprit et non comme raison que de ramener l'esprit à la réalisation de la vraie identité.

Tout ce qui appartient à l'évolution humaine avec ses sciences et ces déploiements intellectuels n'appartiennent qu'à l'esprit. Se croyant isolé du monde, il projette à l'extérieur ses propres illusions et s'enchaîne ainsi dans le temps et l'espace. Même si cela participe à l'individuation de la conscience, l'esprit n'est qu'une ombre, qu'une apparition phénoménale dans le jeu de la conscience.

L'esprit donne lui-même naissance à la nécessité d'une suite successive de vies et de naissances dans le temps et l'espace. Lui seul s'entrave dans cet enchevêtrement du temps à travers l'idée qu'il existe en tant qu'entité divisée du Tout.

Lorsque l'esprit commence à réaliser ses illusions et à sentir l'existence de l'être Suprême ; lequel est, en fait, son essence propre, il commence à s'enquérir, à chercher un sens plus profond aux choses. Et puis ses recherches finissent par le contrarier, sans lui apporter plus de réponses à ses questionnements. Alors l'esprit n'a plus d'autre alternative que de s'en remettre à ce qui déjà existe – soit la vie comme elle est, aussi simplement que cela.

L'esprit en mouvement ne perçoit que ce qui entre dans le jeu de son passé et de ses limitations. Pour percevoir réellement ce qui existe vraiment, l'esprit doit intérioriser son attention affin de la contenir parfaitement et directement avec ce qui est dans le moment.

C'est en remettant en question qui nous sommes ou ce que nous pensons être, que l'esprit peut s'ouvrir à la vraie identité. En réalité, c'est en mettant de côté ce que nous ne sommes pas, que nous trouvons ce que nous sommes ou que ce que nous sommes devient manifeste.

L'esprit se projette constamment à l'extérieur et s'emprisonne dans le monde des objets et des apparences ; de telle sorte qu'il prend ce qu'il s'imagine être comme étant qu'il est. Cela mène inéluctablement à la souffrance. En questionnant l'entité pensante, mais sans s'attendre à aucune réponse ou signification, l'esprit devient naturellement silencieux. En ce silence l'esprit et la source font une seule et même chose. Que l'esprit puisse demeurer silencieux, sans mouvement et tout sens de division disparaîtra naturellement. C'est cela la réalisation de la vraie identité. Il n'est nul besoin d'aucune pratique, ni de suivre aucun maître que ce soit. Le maître véritable se trouve à l'intérieur de soi-même et pas au-dehors. Que l'esprit repose en silence et il verra que le Maître est cette parole qui jaillie de ce silence même !

La vraie connaissance consiste en un état d'être où l'esprit est tout simplement silencieux, ne faisant plus qu'un avec le Soi. Dans l'ouverture totale de l'esprit, le Soi se révèle naturellement, venant capturer l'esprit, lui révélant l'existence du vrai monde, de l'unique réalité, du seul but de la vie.

La vraie connaissance révèle que le moi n'a jamais existé et que l'univers lui-même n'est jamais apparu et qu'il n'a jamais eu de début ni de fin. Tout cela n'est que le jeu de la conscience. Le jeu de l'océan qui nous apparaît à travers un mouvement de vagues. Au-delà des vagues, l'océan est un et nous sommes cela. Cet éveil est la source de paix et de lumière à partager dans le monde. Rien d'autre n'est aussi bienfaisant.

C'est du cœur de l'être que l'univers trouve son repos, que tous les êtres y trouvent leur vraie demeure. Il n'y a pas d'autres humains. La division entre moi et l'autre est irréelle. Une illusion de l'esprit identifié à la forme. Pour l'esprit éveillé, le monde est Un, par conséquent, la souffrance du monde est aussi un mirage. Seul l'éveil de l'esprit est réel.

Questionner la nature du moi déracine les bases sur lesquelles se fonde notre existence. Cela ne consiste pas seulement en un éclaircissement de la conscience. Il n'est pas question ici d'un simple questionnement mental, analytique. L'esprit, qui se pose la question qui "suis-Je", devient naturellement silencieux, mais d'une vigilance accrue. Nulle attente d'aucune réponse ne se fait entendre. Si, au contraire, l'esprit attend quelque chose, l'interrogation devient une activité mentale, ayant comme base le moi. Celui-ci ne peut aller au-delà de ses propres limitations. Étant lui-même limité, tout ce qu'il peut trouver sera source d'encore plus de misère. Car le moi n'est pas réel. Le moi s'édifie à travers l'identification avec la pensée et les objets extérieurs. Sans mouvement mental, sans réactions sensorielles, le moi ne peut survivre. Sans interprétation l'esprit est sans existence. Avec lui le monde naît et disparaît.

Le moi entrave la fusion de l'esprit avec la totalité. Lorsque l'esprit se demande qui il est, il s'interroge sur la nature réelle du "Je suis". Cette interrogation ne se compare pas avec l'interrogation purement mentale ; mettant en premier plan l'observateur divisé de l'objet observé. Dans cette interrogation l'esprit ne peut pas attendre aucune réponse, puisqu'il devient silencieux. S'il n'y a pas de silence, c'est que l'esprit est encore en attente d'une réponse ou a comme intention d'accéder ou de trouver quelque chose. En cela, le moi est toujours agissant. Cela n'est pas l'interrogation dont il est question ici. Lorsque réellement l'esprit se pose la question qui "suis-Je", il va à la racine de sa vraie nature. Il découvre, qu'en fait, lui et le vide est une seule et même chose. Avec cet éveil toute question cesse. Car le moi n'est plus.

Avec la cessation du moi, le monde avec toute sa souffrance prend fin aussi. Dans ce silence, ce vide, l'esprit réalise que l'identité il a crue être n'a jamais existée autrement que dans l'imagination comme dans un rêve. Ce qui est, transgresse toutes lois, toutes imaginations, toutes connaissances, toutes expériences puis-qu'infini et nous sommes cet infini. Cet éveil est la lumière qui ne s'éteint jamais. C'est la lumière du monde, la conscience éternelle habitant dans le cœur de notre être. C'est notre seule existence réelle.

Point n'est besoin de découvrir les divers corps nous constituant. Pas besoin de découvrir ce que sont les différentes composantes de notre être, tout cela se révèle tout seul dans l'ouverture de l'esprit. Tout se révèle par surcroît dans la plénitude de la vie. Point besoin d'avoir peur de ne pas savoir. Tout est déjà révélé. La connaissance entière de toute la création est déjà à l'intérieur.

L'éveil est instantané. Il se produit dans un instant de vide. le Soi se charge du reste. Le karma se révèle comme inexistant devant l'intensité du feu inextinguible du Soi.

Chapitre III

Le but de la question "qui suis-Je ?" ne consiste pas à chercher une réponse, ni à arriver quelque part ou à retourner dans le passé. Le but est d'immerger comme pour la rivière de rejoindre le vaste océan ; lequel nous embrasse, nous transmet sa qualité d'Absolu – éternelle existence ! Le but de la question qui "suis-Je ?" n'est pas pour l'esprit d'arriver au Soi pour devenir plus que ce qu'il est, mais de ne plus faire qu'Un avec le Soi, de se retrouver en tant que nul autre que le Soi lui-même.

Toute impureté prend racine dans l'esprit. Essayer d'éliminer une impureté après l'autre est une peine perdue ; car l'esprit lui-même est la cause de toute impureté en se prenant pour quelque chose qu'il n'est pas. Cela est le faux semblant qui voile la réalité du Soi que nous sommes essentiellement.

Pour être libre des impuretés, l'esprit doit être vide. Non pas qu'il puisse essayer d'être vide ou de devenir vide, mais l'esprit, à travers la question qui "suis-Je", devient le vide et à travers ce vide, la pureté se révèle par elle-même comme une fontaine de vie sans fin. Alors vient la réalisation que seule la pureté de l'être infini a toujours existée.

L'impureté n'est qu'une ombre, l'ombre de l'esprit. Bien sûr qu'il est possible de s'éveiller à cette existence pure par la pratique de différentes méditations, mais cela demeure extérieure et de passage. Les différents états accrus et lucides qui peuvent être expérimentés comme tels vont simplement venir et repartir comme ils sont venus. Le Soi, au contraire, ni ne vient ni ne va. Trouver Cela en soi-même et y rester est la véritable pratique. Mais il n'y a rien à trouver pour soi-même en le Soi. En fait, on y perd tout ! Mais en y perdant tout, nous y trouvons toutes choses. Cela ne se décrit pas en termes de somme ou de manque. C'est d'un autre univers, un univers qui ne peut pas être défini en termes de concepts. C'est un univers infini et ce qui s'y trouve est un état de Grâce qui nous comble d'une béatitude qui aussi n'a rien à voir avec ce qui peut être expérimenté comme tel puisqu'il n'y a plus d'observateur ou d'objet observé comme tel. Il ne reste que Cela par-delà tout connaisseur et toute connaissance. Le calme de l'esprit précède tout état extatique !

Le vrai éveil vient de l'intérieur et révèle la nature infinie du Soi. L'intérieur et l'extérieur sont des réflexions de l'esprit. Le début et la fin existent en lui. Touts objets, toutes formes prennent origine en l'esprit. Pour s'éveiller à la vie pure, l'esprit n'a qu'à se poser la question : "qui suis-Je ?". Il n'y a ni un intérieur, ni un extérieur – il n'y a que le Soi. Cette question n'est ni une méditation, ni un processus mental. C'est simplement une question qui ramène l'attention de l'esprit vers lui-même de façon à taire le mental ; en fait de s'en dépouiller afin de se tenir dans le non-mental – là où tout objet de perception n'occupe plus notre attention. Alors cette attention devient globale.

Lorsque tourné vers l'extérieur, l'esprit crée le monde des objets et des formes, mais lorsque tourné vers l'intérieur, l'esprit devient le Soi. Sans objet d'attention il n'y a pas d'ego. Celui-ci se définit par ses objets de poursuites et d'identification. C'est pour cette raison que lorsque notre attention se porte sur qui nous sommes, les objets cessent et avec cette cessation d'objets perçus, l'ego révèle sa vraie nature vide qui est le Soi.

Toutes impuretés, tous objets de la conscience, comme toutes formes du monde manifesté, sont la réflexion de l'esprit. Lorsque celui-ci est absent, le monde aussi disparaît avec tous ces objets et ces formes infinies.

L'esprit s'identifie aux objets et formes à l'intérieur de lui comme à l'extérieur de lui tant qu'il s'érige comme entité pensante séparée de lui-même et du monde. Pour libérer l'esprit des turbulences du passé, il doit entrer en lui-même et se résorber dans le Soi ; alors nous pouvons regarder à travers le Soi pour ne plus voir, effectivement, que tout est le Soi – qu'il n'y a que le Soi.

En demeurant avec la question "qui suis-Je ?", l'esprit ne cherche plus, ne s'attend plus à quelque chose, ni ne cherche à arriver quelque part, ni ne s'attache à aucun objet de perception que ce soit ! Plus rien n'a de réalité indépendante et par conséquent la réalisation survient que rien n'a jamais existé.

L'esprit éveillé s'établit dans le Soi qui seul est réel et qui seul a toujours existé. Nul besoin pour l'esprit de s'embarquer dans une journée périlleuse pour se trouver ; puisqu'il a toujours été et qu'il a toujours connu qui il était. En fait, toutes tentatives de se trouver est futile puisqu'il n'y a que le Soi. Seul le Soi possède la connaissance de lui-même puis-qu'absolu. L'esprit ne peut pas trouver l'esprit. Alors lorsque notre attention se tourne à l'intérieur, l'esprit aussi disparaît et ne reste que l'évidence même de la vraie identité s'affirmant dans toute sa splendeur et sa lumière !

C'est parce que l'esprit projette son ombre sur le monde qu'il se perd dans de multiples représentations sur ce qu'il croit être la vie. L'esprit s'attache à des idées fausses de lui-même et du monde. De l'esprit émane toutes idées et maintenant se prend pour ces idées. Alors il sombre dans la perplexité des mondes innombrables et des jeux de couleurs et de formes à l'infini.

Parce que l'esprit croit en ses perceptions, il finit par penser qu'il doit faire quelque chose pour être ce qu'il est déjà. L'esprit s'enferme dans ses idées et oublie sa vraie nature, sa vraie identité. Alors il passe d'une idée à une autre, d'une vie à une autre, d'une apparence à une autre, mais jamais il trouve la pleine satisfaction sur cette voie.

Étant aveuglé par la réflexion de ses propres limitations, il s'imagine qu'il doit devenir autre chose, changer son visage, toujours assujetti au désir. Il passe d'un lieu à un autre, chacun fabulant un futur idéal et l'esprit se trouve en face de la nécessité de toujours se ré-embarquer dans une histoire ou une autre. C'est une roue qui ne cesse jamais de tourner.

Notre vie se meut comme dans un cercle. À chaque pas que nous faisons, la vie nous apparaît d'une autre façon et nous continuons à marcher en rond, sans jamais pouvoir nous arrêter. Mais lorsque l'esprit réside en son centre, il s'éveille à la seule réalité immuable qui est cet inconnu impalpable. Au centre du monde des formes et du mouvement, se tient immobile Cela qui voit ! Mais il n'y a rien à y gagner ou à perdre !

Nul besoin de se diriger en une direction plutôt qu'une autre. Tous chemins ne sont que des jeux d'apparence qui prennent racines dans le miroir de l'esprit. Mais en soi rien n'a d'existence indépendante et constante. Tout participe à un flux ininterrompu et seul l'esprit projette le concept de tangibilité. L'esprit rétorquera ; mais qu'advient-il de la vie ? Est-ce que le Soi est synonyme de stagnation ? Mais qui pose la question ? Seul l'esprit se pose la question, encore accrocher à l'idée d'une continuité de lui-même dans le temps et s'il n'y a pas de continuité, alors plus rien ne fait de sens pour lui !

L'esprit ne cesse de chercher à conserver, à devenir, à acquérir. Si ce ne sont pas des choses matérielles, se sont des choses spirituelles. Dans le désir, la souffrance est inhérente. Mais l'esprit ne veut pas le voir. C'est parce qu'il souffre qu'il cherche sans arrêt à réaliser ses désirs ; ce qui est peine perdue, car il n'y a pas de fin sur cette voie. L'esprit doit directement percevoir la nature éphémère du monde et résider dans Cela qui seul est permanent – le Très Haut.

Pour se libérer du désir, l'esprit ne doit pas lutter contre lui, ni le poursuivre de façon délibérée, car l'esprit sera consumé par lui. L'esprit doit demeurer dans le silence de son être pour trouver refuge dans le Soi. En réalité, l'esprit doit tout d'abord s'éveiller au Soi, le reconnaître comme tel et demeurer dans cette réalisation. Si, effectivement, l'esprit s'y assigne entièrement, il verra rapidement que tous ces désirs et peurs prennent fin, car il n'y a rien de cela dans le Soi. Toutes ces couleurs et tourments n'existent qu'en pensées et de façon expérimentale au niveau de l'observateur. Alors, le désir révèle sa seule nature qui est le désir de demeurer dans l'amour infini du Soi.

Lorsque toutes réflexions ont cessées, précisément parce que l'esprit n'est plus, la vérité, maintenant, jaillie du cœur même de l'être. Cet éveil est la Grâce accordée par le Très Haut.

Une fois les moments d'éveils transcendés, l'esprit finit par résider dans le "non-esprit". Là où le monde s'écroule dans le vide de l'esprit. Entre le "Je" et le Soi, le ""non-esprit"" réside. Arriver au "non-esprit" est le plus loin que nous pouvons aller. C'est le début et la fin de cet éveil ou la résignation la plus totale. Suivant quoi, l'âme individuelle et universelle se fondent l'une dans l'autre et pour toujours à l'unisson dans le Soi.

L'esprit ou le "non-esprit" non plus de signification. Permanence ou non-permanence se dissolvent dans cette présence immaculée du Soi. L'univers ou le non-univers perdent de leur signification. Ce qui demeure est un état d'être indépendant qui ne se décrit plus. Aller ou venir perdent de leur réalité. Début ou fin s'évanouissent. Ne reste plus que Cela qui est et qui demeure éternellement. C'est la réalité du Soi résidant dans le cœur de notre être. Puisse l'esprit demeurer silencieux !

Le chemin commence et se termine dans le silence. Que l'esprit demeure silencieux ! Cela est simple et se fait sans aucun effort. Au contraire, si l'esprit s'efforce d'être silencieux, il se retrouve avec le bruit de son propre effort. Le silence ne se pratique pas, ne se cultive pas ou ne se trouve pas au bout de tout travail. Le silence est simplement la nature même du "Je suis".

Le silence suit l'esprit d'immobilité et le ressource du bien être du Soi. Si l'esprit s'efforce de trouver le silence, il ne trouve que la déception et la nécessité de retourner à ses pratiques et ses systèmes de méditation.

Le Maître existe en soi-même et lorsque, effectivement, l'esprit fait Un avec ce silence, alors le Maître lui transmet la vraie connaissance. Non pas cette connaissance livresque qui vient et va, mais cette autre connaissance intemporelle et directe du Soi. Cette connaissance à elle seule éclaire le chemin et amène à l'ultime éveil. Cela s'effectue tout seul ; sans que l'esprit puisse savoir d'où cela vient et où cela va !

L'esprit n'est plus conscient d'aucun mouvement. Seul reste l'état d'immobilité précédant l'immersion dans le Soi. Quand cela se passe, nul ne peut le connaître et la question ne se pose même plus !

L'esprit peut juste épouser le "non-esprit" ; puisque telle est sa nature. Cela seul est nécessaire. Le reste prend soin de lui-même. Le Soi se présente alors comme étant la conscience universelle, pure et effervescente. C'est la beauté du Soi et son mystère. Le Soi est la seule réalité en cet instant. Il faut cesser le bavardage mental, oublier toutes histoires et se tenir immobile dans l'intervalle des pensées.

Chapitre IV

L'esprit tend à agir selon sa propre volonté sans même considérer qu'il puisse appartenir à une conscience supérieure. Comme si le monde ne tournait qu'autours de nous-mêmes ! Le monde apparaît d'une façon ou d'une autre en fonction des projections de l'esprit, d'où la possibilité pour lui de se reconnaître comme entité permanente et tangible. D'ailleurs, c'est pour cette raison que la poursuite des connaissances permettent à l'esprit de se former une identité. Qu'il soit question de simplement assumer une vie physique ou de parfaire une sécurité sociale ou même d'accéder à des niveaux de conscience supérieure, l'esprit demeure concerné par sa propre survie –

la consolidation de l'identification avec les formes de la pensée.

Sans objet que l'esprit poursuit, qu'il soit de nature matérielle ou spirituelle, celui-ci perdrait tout sens d'existence et c'est cela qui le fait frémir et qui le pousse, à travers toute forme que ce soit, à se perpétuer en tant qu'entité pensante. Cela donne naissance au besoin inné de toujours se projeter dans un futur ou de poursuivre indéfiniment la recherche d'expériences, sans parler des acquisitions des biens de ce monde.

Le problème vient de l'idée qu'à travers la non-permanence on peut trouver la permanence. En appréhendant la non-permanence des objets de désir, nous les poursuivons encore plus et cherchons à les répéter. Par conséquent, l'esprit s'émousse et se fait souffrir.

La souffrance est inhérente à la poursuite du désir. Le discernement donc, est une qualité à cultiver. C'est dans la pratique du discernement et dans l'investigation de soi, qu'effectivement, l'esprit s'éveille à la réalité de la non-permanence des objets de perception.

Si vraiment nous réalisions que toute acquisition a un terme, que toute expérience et tout éveil que ce soit ont une fin, alors c'est la fin du désir et donc de la souffrance.

Si la réalisation du Soi est un état qui peut faire l'objet d'une acquisition quelconque, c'est qu'elle est une chose limitée. D'autre part, toute chose a un début et une fin. Tout objet est voué à la destruction. Si la réalisation du Soi est un état qui vient, il doit aussi aller. Tout ce qui apparaît, doit disparaître. L'esprit n'atteint pas la réalisation du Soi. Lorsque toute obstruction du moi n'est plus, la réalisation du Soi se présente. La réalité est cette présence qui ni ne va ni ne vient. Les obstructions que le moi engendre, se dissolvent à travers l'investigation "qui suis-Je ?". En s'interrogeant ainsi, nécessairement, l'esprit devient silencieux. C'est le changement de l'esprit au "non-esprit".

Toute action ayant comme origine le moi est nécessairement fragmentaire et incomplète. Qu'il s'agisse d'action ayant comme but le bien être du monde ou simplement personnel, si ces actions ont comme base le moi, cela demeure la cause d'une plus grande fragmentation. Le cercle des causes et des effets poursuit son cours.

L'esprit se fait une représentation de ce qui devrait être en relation avec ce qui ne devrait pas être, ce qui n'est autre que ses propres projections et c'est par rapport à cette dualité que l'esprit émet ses choix. En ce sens, la répétition des tendances du passé persiste malencontreusement, apportant encore plus de complexité dans le monde.

Dans l'état du "non-esprit", la réalisation du Soi est nécessairement bénéfique et salutaire non seulement pour l'esprit lui-même, mais aussi pour le monde entier. En fait, par rapport à la réalisation du Soi, il n'y a pas de telle division.

L'esprit, divisé du monde, n'existe pas. Lorsque la réalisation du Soi est présente en lui, l'esprit, pour ainsi dire, devient son serviteur. Plus aucune décision ne se prend par l'esprit. Alors aucune action ne peut non plus prendre son origine en esprit. Toute dualité entre le monde et soi-même étant éliminée, toute action ayant comme cause le moi est aussi irradiée du champ de la conscience. Nulle question par rapport à de ce qui devrait être ou ne pas être ne se pose ; de même que toute notion du bien et du mal ne fait plus de sens en la réalisation du Soi. Puis-qu'étant le Soi, cette conscience est inévitablement harmonieuse. Seule l'unité demeure. En fait, toute paix, toute harmonie, tout bonheur existent en le Soi.

Le bonheur que l'esprit poursuit en ce monde n'est pas le bonheur mais, au contraire, le malheur. Pour nous le malheur vient de ce que nous ne parvenons pas au bonheur que nous nous imaginons trouver. Mais ce malheur est relatif à ce même bonheur. Tout bonheur qui se trouve comprend le malheur. C'est pourquoi nous cherchons toujours le bonheur et que, par conséquent, nous sommes toujours malheureux ! Le vrai malheur est ce cercle vicieux que nous poursuivons sans cesse. C'est cela la souffrance. Nous passons d'un objet de poursuite à un autre sans jamais s'éveiller au fait qu'aucune permanence ne peut être trouvée dans la non-permanence.

La permanence existe seulement en le Soi. Toute existence est en fait issue de cette seule réalité. L'autorité suprême est cette conscience du Soi. D'elle émane la myriade des mondes. Elle est ce principe d'intelligence immuable. La réalisation du Soi agit à travers nous et nous permet de voir clair et de prendre les bonnes décisions au bon moment et au bon temps.

L'immobilité de l'esprit n'est pas la stagnation, mais bien au-delà – l'immobilité de l'esprit permet au Soi d'établir son pouvoir à travers l'esprit. C'est de cette façon qu'une porte s'ouvre en l'esprit de façon à recevoir la Grâce et c'est elle qui est la cause de la juste action, laquelle apparaît en toute spontanéité, de la meilleure façon que ce soit et dans le meilleur temps. Du même coup, toutes les différentes parties de notre être s'alignent conformément et poursuivent leur cours, mais avec une autre qualité. Le moi personnel devient transparent et l'esprit, un outil et le corps – simple véhicule continuant à vivre pour la durée qui lui est assignée.

En cette conscience du Soi existent touts états de conscience, du plus mondain au plus élevé ; lesquels ne sont que des apparences ! Le Soi demeure indépendant de ces manifestations même si c'est dans sa nature de s'exprimer sous des formes infinies et aussi variées que sont les étoiles du firmament.

L'esprit ne peut se représenter la réalisation du Soi. Il peut fabuler à son sujet, poursuivre une voie ou une autre, mais cela n'amène pas à la réalisation du Soi. Comment l'esprit peut-il établir un pont entre les choses qu'il croit tangibles et cela qui est intangible ? C'est une impossibilité puisqu'au tout départ l'esprit base son existence sur l'idée de continuité.

L'esprit prend pour acquis qu'il constitue une entité identifiable et il cherche éperdument à comprendre le monde perçu par ses facultés sensorielles et intellectuelles. De part sa construction même, il ne peut accéder à la réalisation du Soi; laquelle se trouve en dehors de l'espace-temps.

Pour réellement naître à la vie, l'esprit doit s'éveiller au fait que ni lui, ni le monde, ni l'univers n'ont jamais existé ou que la totalité du monde manifesté et non-manifesté, existe déjà en lui.

Il est logique d'expliquer le mouvement de va-et-vient des vagues dans la mer. Il est facile d'observer les vagues qui viennent se reposer sur le sable puis retourner vers la mer. Cependant la réalité de la mer est une et non divisible. Le mental ne peut saisir la qualité Une de la vie. Cela est une impossibilité.

L'être de ce monde ne peut ni comprendre avec son intellect, ni sentir à travers les émotions et encore moins percevoir à travers ces facultés sensorielles la réalité de la vie Une tant et aussi longtemps que l'esprit sera identifié à un sens d'existence séparée. Cependant, la vie Une est l'expérience de tous et chacun puisque nous sommes Cela avant tout ! En fait seul le Soi vit à travers nous. La conscience se regarde elle-même à travers nous. Elle-même naît, se cherche et se trouve dans le monde phénoménal à travers l'union de l'âme, l'esprit, le mental et le corps.

L'identification de l'esprit avec la forme est l'illusion de notre existence. Ce monde dans lequel nous vivons n'est qu'un rêve. Une ombre que nous projetons pour nous faire croire en l'existence de quelque chose d'inexistant. Telle est l'inconscience du monde manifesté, de la matière.

Toute forme manifestée est transitoire et c'est parce que tout est éphémère que seul ce qui est sans forme est permanent et l'esprit est Cela. C'est notre nature profonde et inébranlable. Nous ne faisons que la couvrir avec notre moi et ses expansions et acquisitions.

Le savoir appartenant à ce monde est aussi l'illusion de ce monde. Nous projetons un monde et lui trouvons des propriétés distinctes. Mais cela non plus n'a pas de fin.

L'esprit de ce monde ne cessera jamais d'élargir le champ de ces connaissances et de ses expériences – le tout gravitant autours de l'ignorance d'une existence séparée. Vu de l'esprit, ce monde est un mirage mais vu du "non-esprit", le monde trouve sa vraie place, unie au Tout.

L'esprit continu à croire en son identité séparée sans jamais en comprendre l'irréalité. Tel est la source de son malheur. Mais l'illusion du monde se poursuit de toute façon. C'est la réalité du monde phénoménal. La conscience manifestée se poursuit indéfiniment puisque le Soi est cet infini.

Non seulement l'esprit met-il fin à ses illusions dans le "non-esprit", mais le monde aussi prend fin. En cette fin la création débute aussi. En la réalité du Soi, les mondes se créent à l'infini. Percevoir que l'univers entier n'a jamais eu de début et comprendre qu'il se crée et se recrée indéfiniment, appartient au "non-esprit". Il ne s'agit pas ici d'une connaissance scientifique. C'est une révélation par rapport à la nature du réel. C'est l'expression d'un pouvoir incommensurable en face duquel l'esprit se tient silencieux et à qui il rend gloire.

De la bête à l'esprit de lumière, tout est au service du Soi. Plus l'entité lui rend consciemment service, dans l'abnégation, le silence et le feu inextinguible de l'attention, mieux le travail se fait et plus lumineux est cet univers. Le Soi demeure ce qu'il est, du début à la fin – un soleil éternel.

Dans le "non-esprit" notre vie ne s'éteint point, mais renaît. Notre vie en esprit se poursuit d'une façon ou d'une autre, complétant le travail assigné sur quelque plan que ce soit. Mais cela n'est pas qui l'on est réellement. Ce n'est pas important de se reconnaître comme une entité appartenant à un plan ou un autre. Cela s'occupe de lui-même et se développe naturellement et intégralement. C'est lorsque nous reconnaissons notre véritable identité en tant que l'infini lui-même, que non seulement pouvons-nous demeurer à l'écoute des directives supérieures, mais aussi d'utiliser les facultés de l'esprit de façon en tant que sculpteurs de notre réalité. Que l'esprit se pose la question "qui suis-Je ?", sans attente de réponse. Alors l'esprit, notre vie manifestée et le Soi ne font plus qu'Un. Avant et suite à la Création, "Je suis".

Chapitre V

Quelle que soit la nature de nos recherches, nous devons finalement retourner à l'être unique. Toutes ces distinctions entre moi et l'autre, entre l'ignorance et la connaissance, entre un point de départ et un point d'arrivé doivent disparaître.

La difficulté ne se situe pas dans la réalisation du vrai moi ; c'est que l'esprit se ment à lui-même en se disant qu'il est autre que ce qu'il est et qu'il lui faut plus du temps pour devenir ce qu'il s'imagine être. Ce sont ces idées sur soi-même qui font obstruction et qui demandent à être éliminées du champ de la conscience avant que nous nous reconnaissions, sans aucun doute, pour ce que nous sommes en vérité.

Les obstructions commencent avec l'idée que 'Je ne suis pas encore là' et que, par conséquent, j'ai encore besoin de faire ceci ou cela, d'obtenir ceci ou cela avant d'arriver à ce que nous nous imaginons, encore une fois, comme étant le but. Nous remettons toujours à demain, par conséquent, nous vivons dans le passé. Le temps et l'espace sont des projections de l'esprit encore ignorant face à l'existence du Soi.

Tant que l'esprit projettera un futur, aussi longtemps le passé limitera les activités de l'esprit. Ce dernier crée lui-même la nécessité d'un futur. C'est pourquoi le besoin d'acquérir des connaissances et expériences prend une si grande importance. C'est pour l'esprit l'occasion de se faire répéter qu'il est arrivé, qu'il est réalisé et établit dans le Soi.

Nous ne descendons pas dans le monde pour devenir quelque chose de plus, mais pour comprendre, à nouveau, d'où nous venons, à qui ou à quoi nous devons notre existence et où nous allons et dans quel but et de trouver, ultimement, comment se parfaire en tant qu'individualisation et unique expression de la conscience une. C'est un cercle et un alignement de conscience ne pouvant prendre place qu'à travers l'éternelle présence du "Je suis".

A l'origine l'esprit humain se conservait dans un état archangélique sans aucun sens d'existence individuelle et ni sans aucune notion dualiste telle la notion de perfection ou d'imperfection, de départ ou d'arrivée, de bien et de mal. L'esprit descendit de ses dimensions paradisiaques ou de la conscience universelle pour pénétrer le monde de la séparation afin d'expérimenter son individualité et la parfaire en retournant à l'unité de la vie à travers la réalisation du Soi. C'est le mouvement descendant et ascendant de la création. C'est le cercle cosmique, même si, d'autre part, le Soi comme tel se tient indépendant de tout cela.

La qualité intrinsèque du Soi est le pouvoir de créer des mondes à l'infini, comme toutes possibilités sont déjà contenues dans le Soi. Le Soi comme tel ne fait rien, pour ainsi dire. Son pouvoir agit par lui-même à travers la conscience universelle. Alors l'esprit n'est aussi qu'une expression de ce pouvoir incommensurable. Puisque cette immensité est à la source de soi-même, il n'y a aucun doute que cette immensité puisse se reconnaître à travers l'esprit. Cette immensité fût le guide, l'adepte et se révèle comme entité réaliser au bout du chemin.

Que nous nous préoccupions d'une montée ou d'une descente n'est point important ! Cela va son cours de toute façon. Le Soi demeure ce qu'il est, impénétrable et inébranlable. C'est la nature de notre propre esprit. La difficulté est de s'éveiller à cette véritable identité sous l'investigation qui "suis-Je". De cette façon, le moi présent, faussement interposé, ne peut pas faire autrement que de se démanteler et se dissiper. Seul l'éveil demeure !

Le moi personnel prend place à travers l'identification avec les objets de la pensée ; laquelle est le temps. D'autre part, s'il n'y avait pas de temps, où serait ce moi personnel ? Et s'il n'y avait aucun objet de perception, de quoi l'esprit serait fait ? L'esprit n'est qu'un réceptacle. Un réceptacle prenant la forme de là où l'attention se porte. En ce sens, lorsque, effectivement, l'esprit s'éveille, la compréhension survient que le moi personnel n'a jamais existé comme tel.

La suite interminable des naissances et des morts n'a réellement jamais existée. Seul le Soi est réel puisque permanent et immuable. Cela seul a existé et existera toujours et en lui, la séparation est illusion. Celle-ci n'apparaît qu'en relation avec cela qui discrimine, cela qui est le "Je" de la conscience.

L'esprit ne finit pas par s'éveiller à l'unique existence. Il finit par se libérer des obstructions du moi personnel. L'esprit ne peut plus prendre pour acquis les voies et les besoins du moi personnel. Par investigation, l'esprit perçoit l'illusion du moi personnel et s'en libère par le fait même. Le phénomène du moi personnel n'est qu'un ramassis de jeux illusoires enfermé dans le temps.

Penser que nous existons séparément du monde est signe d'ignorance ; c'est l'ombre du moi personnel. Seul le non-différencié est le réel. Penser autrement mène à l'illusion de la séparation et à son état antagoniste inhérent.

La distinction entre moi et l'autre, entre un départ et une arrivée, est transcendée en s'interrogeant sur la nature de l'observateur. Lorsque nous nous tournons à l'intérieur, où est le moi et où est l'autre ? Seule l'unité de la vie est réelle et permanente.

L'un devrait chercher la seule existence et y demeurer. Par ailleurs, l'investigation sur la nature du soi, n'est pas une simple activité mentale. Cette dernière se porte sur l'analyse d'objets objectifs et extérieurs. Alors l'investigation de soi devient une analyse intellectuelle sans grande signification. L'investigation de soi, exercée sans but et sans sujet ou objet observé, ramène l'esprit à sa source qui est l'unité de la vie. Ce n'est donc pas une recherche d'un moi cherchant un autre moi ou simplement un moi cherchant quelque chose existant séparément et extérieur à lui-même.

Si la réalisation du Soi consistait à chercher quelque chose d'extérieur à soi-même, cela présupposerait qu'elle ne consiste pas en une réalité immuable, embrassant toutes choses. Le fait est que seul est réel ce qui a toujours existé. Chercher la réalisation du Soi est signe d'ignorance. Comme sont toutes recherches d'expériences et de connaissances !

Dans l'éveil, l'esprit n'est plus ; de même qu'il n'y a plus aucune existence, ni allée ou venue ou arrêt. Dans l'éveil, l'esprit n'a aucune conscience de quoi que ce soit puisqu'il n'est plus. L'inconnu demeure la seule réalité. L'investigation sur la nature du Soi implique une volonté de l'esprit d'accéder à l'inconditionnel, le Soi – lequel n'est autre que soi-même. C'est un retour à la source de toute pensée et de tout penseur, à la source même de cet éveil.

Avant que l'esprit cherche à connaître l'origine du monde, ou la nature de Dieu, il doit se comprendre lui-même. Car en soi-même sont comprises la nature et l'origine de toutes choses. Si on ne se connaît pas soi-même, on ne peut ni comprendre le monde, ni saisir la nature de Dieu. Après tout, la réalité de la vie réside dans l'ici et maintenant, c'est pourquoi l'esprit devrait se poser la question qui "suis-Je" et non simplement perdre son temps dans des spéculations.

D'innombrables recherches et questionnements se sont posés sur la nature des choses et cela a fait place à toutes sortes de systèmes de pensée, d'écoles et de religions. Chacun apportant une vue différente, sinon contradictoire. C'est dans la nature du moi de chercher à tout formuler, à emboîter dans des normes et des concepts. Puisqu'étant lui-même un produit du temps et sachant que tout est transitoire, il tient à s'assurer de toute continuité et solidité, mais en vain. Que le moi puisse croire en un hier et un demain, ne change rien à ses peurs. Qu'il parvienne à tout réduire à des explications et des sciences n'empêche pas que tout cela demeure transitoire, sujet au changement, à l'espace et au temps et surtout relatif à la position de l'observateur lui-même !

Touts développements scientifiques, toutes religions sont liés au moi et ne peut conférer à l'esprit la qualité du Divin, laquelle surgie de l'Éternel seul. Ce qui, au contraire, empêche l'esprit de recevoir le Divin, sont ses quêtes inlassables et son insatiabilité et ses voies perverties.

Le moi ne perçoit pas que les objets qu'il projette ne sont pas la réalité. Le moi se meut d'une projection à une autre, mais ne peut pas réaliser le "non-moi". Seul le moi nous empêche de recevoir l'aide du très Haut.

Toute pratique présuppose la tangibilité d'un moi qui, tranquillement, accède au "non-moi". Cela est une impossibilité. Le moi prend différentes formes à travers différents stages dans le chemin. Cependant le moi demeure le même. La vérité est que ni le moi ni l'esprit n'existe réellement autrement que dans l'imagination.

Dans la réalisation du Soi, plus rien ne reste à comprendre puisque le Soi est le Tout. La misère vient de ce que l'esprit s'impose des limitations à travers le moi personnel et puis il cherche en vain à les transcender.

Tout malheur naît de ce que nous cherchons à l'extérieur des voies de contentement. Rien ne peut durer de cette façon ; ni aucune expérience, ni aucune connaissance. Seule l'investigation sur la nature du Soi peut révéler la nature intangible des activités de ce Soi et avec cette révélation la liberté et la paix peuvent fleurir ; ce qui est déjà nôtre !

Toute activité mettant en cause le moi, empêche la réception de ce qui vient du "non-moi". Rien n'empêche la réalisation du Très Haut dans notre vie sinon nos propres limitations. Le Très Haut demeure le même, infiniment ouvert et de tout amour. Seule la conscience prisonnière du passé entrave les voies du Très Haut. Cette conscience assombrie par les exigences du moi est en quête de quelque chose de plus haut qu'elle-même. En fait, seul le Un existe.

Seul le Divin existe, se manifestant à travers d'innombrables formes. Dans l'introversion, l'esprit cesse ses projections et s'évapore en face du vide derrière toutes choses. C'est en ce vide que pourtant, le Très Haut se révèle à l'esprit et pas ailleurs. En vérité, le seul moi, est celui du Très Haut. Si l'esprit peut cesser ses projections à l'extérieur et habiter dans la présence intérieure, alors seul subsiste le Un.

Seul le questionnement sur la nature du "Je suis", peut révéler la nature intangible des activités du moi et avec cette révélation la liberté et la paix se présentent spontanément et naturellement. En cherchant à l'extérieur de lui-même, l'esprit s'impose des limitations.

Prisonnier de l'ignorance, l'esprit cherche encore à l'extérieur des façons pour le libérer et le rendre heureux, mais cela aussi est en vain. L'ignorance de l'esprit n'est pas quelque chose de réel non plus. Ce n'est qu'un masque, une ombre dépourvue de véracité.

Le vrai savoir n'amène pas à un être nouveau, il ne fait qu'enlever le voile de l'ignorance. La réalisation du Soi ne se trouve pas à travers les démarches du moi, mais est révélée comme étant la nature même du "Je suis".

Chapitre VI

L'esprit doit s'abandonner et dans cet abandon, seulement, la Grâce du Soi peut descendre sur l'esprit. Seul l'abandon véritable, sans motivation, attente ou but, peut permettre au Soi de se révéler dans le champ de notre existence. Ce ne sont pas les tâtonnements ni aucune pratique qui pourront directement provoquer cette réalisation. Au contraire, toute activité mettant en cause le moi, empêche l'esprit de recevoir ce qui vient du "non-moi".

Pourtant, rien n'empêche la réalisation du Très Haut dans notre vie sinon nos propres limitations que nous nous imposons. Le Très Haut demeure le même, infiniment ouvert et de tout amour. Seule la conscience prisonnière du temps, entrave les voies du Très Haut. D'autre part, seul l'esprit assombrit par les exigences du moi, peut être en quête de quelque chose de plus haut que lui. En vérité, seul le Un existe.

L'entité que nous appelons le moi ne constitue qu'une phase temporaire dans l'évolution de la conscience. Bien qu'elle soit nécessaire, elle est impermanente. Seul le Divin est permanent, se manifestant à l'infini sous toutes les formes. En tournant l'attention à l'intérieur, l'esprit cesse ses projections et devient transparent par le fait même ; laissant place à la vastitude de la conscience universelle. C'est au travers cette vastitude que le Très Haut se révèle pour l'esprit et pas ailleurs. En fait, le seul moi, est celui du Très Haut. Si l'esprit peut cesser ses projections à l'extérieur, alors seul subsiste le Un.

Pour réaliser le Un, l'esprit doit tout d'abord se connaître lui-même. Sans connaissance de soi nul ne peut entrevoir le vrai moi. La connaissance de soi ouvre à la connaissance du Suprême puisque nous sommes le Suprême. Lorsque nous devenons Un avec soi-même, nous devenons Un avec le Suprême.

L'esprit et le monde ne sont pas séparés. Lorsque nous cherchons à comprendre le monde, nous élaborons des idées basées sur nos seules expériences et connaissances. Ou bien nous avons en mémoire ce que les autres disent à ce sujet. Mais que savons-nous exactement ? Nous pouvons avoir la connaissance de certains faits ou événements, mais cela n'est certainement pas toute la vérité. La connaissance et l'être doivent fusionner pour révéler ce qui est vrai.

La seule vision que nous pouvons avoir du monde, est une limitée, sans grande signification. Que cette vision soit scientifique, politique, religieuse ou de quel ordre que ce soit, cela demeure un mensonge, un jeu du moi que l'on prend pour la réalité. Nous vivons dans l'abstraction et par conséquent nous nous méprenons devant la misère qui sévit dans notre propre monde.

Que nous réagissions face au monde et cherchions à le fuir, est aussi vain que de chercher à le changer ou à l'améliorer. Car la réalité du monde réside dans l'unité, dans la conscience Une. Le reste ne sont que des apparences phénoménales qui naissent et meurent. Le monde réel réside dans le permanent, dans l'unité du Soi. Cela est la nature du "Je suis". Par ailleurs, l'action la plus bénéfique qui soit, est aussi l'action du Un.

Si nous nous attardons à vouloir changer le monde en nous basant sur l'idée que la séparation est réelle, au contraire, nous alimentons cette séparation ainsi que la misère déjà existante. Notre vision du monde n'existe qu'en fonction d'un jugement que l'on a de ce monde. Ce n'est pas le monde qui vient nous dire qu'il est comme ceci ou comme cela. Le monde que l'on perçoit, est le jugement que nous émettons sur le monde. C'est notre jugement, notre monde, notre esprit. En fait, c'est un jugement que l'on porte sur soi-même.

Le monde de la division est en fait un monde illusoire. Il n'existe pas vraiment. Lorsque nous allons au cinéma, par exemple, nous nous assoyons devant un écran vide et lorsque le filme commence nous entrons en lui et oublions le vide de l'écran. Pendant le filme toutes sortes de choses se passent, toutes sortes de mondes apparaissent puis disparaissent, nous donnant l'impression qu'une telle histoire est réellement en train de se passer. Lorsque le filme se termine, les rideaux se ferment et l'histoire n'est plus. Le monde est ainsi fait. De la même façon que dans un film, le monde n'existe pas vraiment, comme notre moi auquel nous accordons autant d'importance.

Toute impression d'existence séparée et tangible repose sur des idées préconçues, des impressions personnelles et sur le passé. C'est parce que nous projetons toujours nos idées sur l'extérieur, que nous créons le futur, le passé et le présent. De la même façon, en pensant au passé, nous lui accordons une réalité dans le présent en projection vers le futur. Passé, présent et futur ne vont pas l'un sans l'autre. Parce que nous nous projetons toujours dans le futur, nous demeurons lié au passé. C'est parce que nous sommes le résultat du passé que nous continuons à vivre dans le futur. C'est le mouvement des causes et des effets ; la roue sans trêve du temps.

La souffrance est inhérente à l'ignorance. Pour changer le monde, il faut s'en retirer et entrer dans le silence de l'esprit. Si plus aucun mot se manifeste, ni aucune direction, alors l'esprit et le monde ne font plus qu'Un. En le Un le monde est réalisé. En fait, le monde n'a jamais été autre chose que cette réalité du Un. Pour l'esprit réalisé, seul le Un existe. Le reste demeure un jeu d'apparences qui vont et viennent.

Quel que soit ce qui apparaît ou disparaît, pour l'esprit réalisé, cela n'est pas important, seul est perçue l'Unité. Cette réalité immanente et éternellement présente.

Nous voulons comprendre le monde mais nous ne remettons pas en cause l'observateur, duquel provient tout objet perçu. Lorsque le monde des objets apparaît l'esprit aussi survient avec son sens de la dualité. S'il n'y a aucun objet perçu, il n'y a plus de moi. La réalité seule demeure et les apparences naissent et meurent en elle. Si l'esprit conserve son lien avec le Soi, il ne peut plus être trompé par les événements.

Méconnaissant le Soi, le moi s'attache et croit au monde. Si l'un reconnaît qu'il n'y a pas d'observateur sans objet perçu, l'un ne peut plus être trompé par le jeu des apparences. La difficulté, en quelque sorte, est que l'esprit doit se fondre dans le Soi pour saisir la vérité que seul le Soi, effectivement, est réel et que, par conséquent, le jeu des apparences est sans signification.

La réalité de la vie est Une. Dieu n'est pas ailleurs qu'en nous-mêmes, regardant à travers nos yeux, sentant à travers notre nez, entendant par nos oreilles, touchant avec nos doigts. C'est parce que nous nous arrêtons au monde manifesté, aux objets perçus, que nous reléguons l'existence de Dieu en arrière-plan et que, par conséquent, nous soyons toujours à la recherche du sens de la vie.

"Connais-toi toi-même" est le premier et dernier pas. Apprendre à douter de l'observateur est la voie sûre menant à la dissolution du moi. Avec elle le Dieu en nous se révèle et de lui nous puisons tout enseignement, puisqu'étant omniscient. En fait, tout besoin de savoir prend fin en lui, et en lui seul. Autrement, lorsque l'esprit est tourné vers l'extérieur, sur le monde des objets, il passe d'un savoir à un autre, d'une recherche à une autre sans jamais réaliser que ce qu'il cherche est déjà en lui.

Lorsque nous dormons nous croyons que ce que nous rêvons est réel ; de même que nous croyons aussi qu'est réel notre vie éveillée. Tant que l'esprit ne se questionne pas en tant qu'observateur, il continue à croire en la réalité du rêve, comme en celle de la vie éveillée. Par contre, lorsque l'esprit questionne l'observateur, il réalise que le rêve est aussi irréel que la vie éveillée. Ni l'un ni l'autre n'ont d'existence sinon dans l'illusion du moi prisonnier de ce qu'il projette comme mondes.

Le Soi ne peut être réduit à une forme ou un objet. Mais bien qu'il ne soit pas une forme, il est en même temps toutes formes. Mais puisque le Soi est infini, nulle forme n'acquière de solidité. La vie est Une, comprenons le bien. Le Soi ne se trouve pas ni dans une forme, ni dans l'absence de forme ; c'est l'inconnaissable, l'incommensurable réalité du "Je suis".

Ce qui nous empêche de comprendre l'irréalité du monde, est cette tendance à nous identifier aux objets de l'esprit et au corps. De la même façon, lorsque nous dormons, nous n'avons pas conscience que nous rêvons, pourtant tout ce qui se passe, nous l'expérimentons comme étant réel. Pendant ce temps, le monde, que l'on croit exister par lui-même, au contraire, nous n'en avons plus conscience.

Lorsque nous sommes éveillés, notre esprit s'identifie encore aux objets et sensations qui se présentent et par conséquent, nous croyons en la réalité de ce qui se passe à l'extérieur. Alors comment l'esprit qui a créé le monde peut-il comprendre qu'il est irréel ? Si, au contraire, l'esprit se retire du monde des apparences et demeure dans le Soi, alors il réalise que seul le Soi est réel et que, par conséquent, le monde ne peut être que le Soi.

Toutes sensations et perceptions sensorielles se coordonnent de façon à nous faire croire que le monde tel que perçu est réel. Cependant, ce qui est sujet à être interprété, fait aussi partie de l'observateur. Celui-ci ne se distingue pas de l'objet observé. Tant que l'esprit s'accroche à ses projections, le monde lui semble réel et à ne pas douter. Mais lorsque l'esprit s'éveille et demeure sans objet, immobile, alors, tout comme le phénomène du rêve, l'état de veille aussi se présente comme irréel.

Qu'est-ce qui nous amène à croire en notre propre perception du monde sinon que nous nous arrêtons à des jugements vis-à-vis ce monde ? Ce sont ces jugements qui nous font croire en un monde perceptible. Sans ces jugements donc, où est le monde ? Ce n'est certainement pas le monde qui vient nous dire qu'il existe tel que nous le percevons ! Ce qui seul est réel est ce qui existe par lui-même, se révèle à lui-même, se connaît lui-même et ne change pas.

Si l'esprit est conscient de quelque chose, il est essentiellement conscient que de l'intérêt qu'il s'accorde à lui-même. L'intérêt qu'il accorde à lui-même devient aussi sa réalité existentielle. Dès lors, il n'y a plus de doute concernant la présence d'un moi divisé de l'objet observé. C'est la relativité du monde.

Ce qui seul existe, est indépendant de tout observateur et objet observé. C'est l'état de l'être, la vie unifiée, la vraie existence. Le Soi, est, et ne se divise pas en elle-même. La relativité des phénomènes existe seulement par rapport à l'esprit, puis-qu'identifié à la forme ; que celle-ci soit de ce qui a de plus lourd ou de plus léger et éthéré.

La pure existence n'est pas une attribution, ni ne peut être nommée ou identifiée ou encadrée par la logique de l'esprit ; de même qu'aucune science ne peut la définir. Si l'existence pure pouvait être définie, elle serait une chose palpable par l'esprit. Celui-ci, n'étant lui-même qu'une chose, un phénomène transitoire, comment pourrait-il définir et expliquer ce qui est illimité et sans forme ?

Ce qui est défini, rationalisé fait partie de l'esprit. Celui-ci crée sa propre réalité qu'il croit être la seule réalité.

Le monde n'est ni conscient de lui-même, ni n'existe par lui-même. Comment peut-on dire que le monde est réel, lorsque la seule conscience dont on peut en avoir dépend de ce qui se dit, de ce qui aussi dépend des opinions personnelles ? Comment le monde peut-il être réel s'il se transforme continuellement et est relatif aux opinions personnelles et que peut advenir d'un monde sans toutes ces idées et ces conceptions ? Un monde dépendant, relatif, qui demeure un flux sans fin ne peut être réel.

Le réel ne peut pas être organisé, ni pensé. L'esprit, étant lui-même qu'une apparence, comment pourrait-il réaliser Cela qui est permanent ? Lorsque porté sur l'extérieur, l'esprit crée le monde des objets, d'où l'identification et la rationalisation du monde. Mais, lorsque tourné à l'intérieur, l'esprit subit une transformation et ce qui demeure est ce qui a toujours existé et qui, par ailleurs, n'a jamais été créé. C'est la conscience existant par elle-même, l'être éternel. C'est la vraie nature des choses.

Pour comprendre le monde, voir la lumière dans l'obscurité, l'esprit doit se retirer du monde des objets de perception et de toutes identifications aux pensées. Parvenu à cette immobilité, au "non-esprit", il ne doit pas non plus s'accrocher à la non-forme et au non-objet. Cela devient un autre jeu de la conscience. Lorsque plus aucun objet ne subsiste, lorsque plus aucune direction n'est poursuivie, ni la non-direction, alors ce qui est se révèle par lui-même comme étant cet état de l'être non-né et sans attribution.

Lorsque l'esprit réalise que plus aucune motivation le travaille, lorsque plus aucune pensée ne subsiste, alors il peut recevoir ce qui est. Que l'esprit soit dans un corps ou un autre, dans une forme ou une autre, le Soi se manifeste en toute spontanéité à travers lui. Mais en cet esprit, il n'y a plus d'observateur et donc plus d'objet observé.

Comment un être peut-il habiter dans un corps et ne pas l'être en même temps ? C'est la manifestation du Dieu dans la forme. Mais que savons-nous exactement de l'existence de la forme ? Que l'esprit demeure silencieux et la lumière lui sera révélée.

Ce n'est pas ces questions qui sont compliquées. C'est l'esprit qui crée les complications en persistant à réduire l'existence en des idées multiples. L'esprit a juste à cesser de chérir les opinions et cesser de reposer ses observations sur la somme du savoir qu'il a emmagasinée. Il n'y a rien de tangible en cela. Ce n'est qu'un acharnement de l'esprit ne voulant pas voir le monde tel qu'il est. Mais la souffrance aura tôt fait de semer le doute. Alors l'esprit n'a plus autre choix que de se questionner sur ce qu'il est.

Pour comprendre le monde, il faut s'en retrancher. Non pas par un acte extérieur, mais bien en retournant à l'intérieur et à demeurer dans la seule présence. Alors, que nous soyons extérieurement dans le monde ou non, ne fait pas de différence.

La présence éternelle du Soi prend soin de nous. En elle, les questions trouvent leurs réponses. En fait, en elle il n'y a plus de question puisque rien est voilé. L'esprit n'a même plus à se comprendre, puisque n'étant plus. Seule la compréhension demeure. Dans le Un, il n'y a aucune recherche, aucun besoin, aucune connaissance.

L'esprit s'imagine toujours que demain il va trouver une plus grande clarté, une perfection encore plus lumineuse. Il lui faut réaliser que tout cela n'est qu'une projection. C'est parce que l'esprit se surimpose sans cesse, qu'il se limite lui-même et que, par conséquent, l'éveil est remis à plus tard, dans un autre lointain avenir, dans une autre vie, un autre rêve.

Allant à gauche, l'esprit décide d'aller à droite. Étant à droite il veut aller à gauche. Si on lui dit qu'il doit épouser telle forme, il devient cette forme. Si on lui dit que nulle forme n'est nécessaire, il ne fait plus rien croyant ainsi qu'en ne faisant rien, il fait se qu'il doit faire.

A l'intérieur d'un certain stade d'évolution, l'esprit a besoin de direction. Chaque esprit a sa propre inclinaison et trouve ses propres chemins, l'aidant dans sa démarche intérieure. Une pratique ou un enseignement quelconque peut aider un esprit, quand, pour un autre, cela est sans signification. C'est pourquoi il ne faut point se complaire dans une voie et devenir rigide.

Tout chemin, toute direction n'existe qu'à l'intérieur d'un cercle relatif. Avant que l'esprit puisse être sujet à dévoiler la vérité par lui-même, il lui faut des directions. Mais cela encore n'existe que dans la relativité des choses. C'est la voie de la création. L'expansion du pouvoir créatif du Soi.

Si l'esprit ne s'est pas encore épanoui dans cette plénitude et qu'il aille encore besoin de patauger dans la relativité des enseignements, il peut quand même faire attention à ne pas s'y identifier et prendre pour réel quelque chose qui n'est rien d'autre qu'une simple fabrication de l'esprit.

Comprendre la relativité des choses, ouvre à la considération, au discernement et la sagesse. Ces qualités révèlent l'existence du "non-esprit". Si celui-ci, effectivement, réside en lui, la vérité lui concernant peut lui être révélée. Assurément, peut-il accéder à l'unité de la vie, en laquelle il n y a plus de direction, plus de chemin, ni de début, ni de fin! En elle il y a la révélation que ni le monde, ni l'esprit, ni même la création n'ont jamais existés. Seul le Soi est vrai. La seule réalité en nous a toujours été. L'éternité habite en nous. Non pas en tant qu'entité, mais bien en tant qu'existence unique et indivisible. Le monde n'existe pas sans le Soi. Le Soi est le monde !

Chapitre VII

L'esprit prend d'innombrables formes et se manifeste à des niveaux multiples tout en séjournant simultanément à travers des réalités parallèles selon son degré d'évolution. Pour certains il est difficile, aussi, de saisir la différence entre le moi personnalisé, l'esprit et l'âme. En fait, bien qu'il y ait des différences, en soi, cela n'a pas grande importance quand il devient question de réaliser la vraie identité – laquelle réside au cœur du Soi et n'a pas vraiment de lien avec la forme que nous occupons en tant qu'esprit. Il peut être utile, en d'autre cas, d'établir des différences afin d'avoir une vision plus juste de l'organisation systématique de l'univers, mais cela se révèle tout seul lorsque l'esprit s'est éveillé.

L'esprit incarne de multiples corps, dépendamment du cycle évolutif dans lequel il se trouve. Mais ce qui est essentiel, ici, est de réaliser l'ultime vérité, la réalité du Soi résidant au cœur et dans le silence de notre esprit.

Quelle que soit la forme que prend l'esprit, cela est secondaire, lorsque l'on se pose la question qui "suis-Je". Quand, véritablement, la question est posée, la nature illusoire du moi personnel se révèle. Dans le cas d'un esprit réalisé, le moi est transparent puisque cet esprit est parfaitement unit au Soi. En fait le moi est transparent parce que l'être réalisé est simplement parfaitement aligné à travers tous les plans et niveaux de conscience et directement uni avec le Soi sans lequel, l'esprit réalisé, reconnaît que rien ne pourrait exister sans le Soi. Pour l'esprit réalisé, essentiellement, il n'y a que le Soi.

L'esprit qui se demande qu'est-ce qui se passe avec le corps d'un esprit réalisé, est évidemment relié à l'importance que l'on accorde à son propre moi et son propre corps. En fait, ni dans le cas de l'esprit réalisé ou dans le cas de l'esprit ignorant, le moi a quelque réalité que ce soit.

L'existence du moi n'est qu'un ramassis d'idées préconçues d'où la croyance en une existence séparée et limitée à un cerveau et un corps. La question qui "suis-Je ?", révèle, précisément, l'irréalité du moi ; que celui-ci soit personnel ou qu'il exprime cette qualité d'existence spirituelle en nous.

Même si nous disons que notre esprit, indépendamment du corps, est d'origine divine et qu'il a pour but de s'incarner dans le corps pour fin d'acquérir l'expérience de son individualité et de la parfaire dans l'unicité de la Totalité, quelles que soient les sphères ou dimensions ou réalités parallèles dans lesquelles l'esprit puisse se trouver comme entité cosmique, il demeure que la question qui "suis-Je" remet l'esprit au cœur même de la vie qui est le Soi, lequel transcende tout cela puis-qu'étant la source de la conscience en tant que totalité du monde manifesté et non-manifesté.

A travers la question qui "suis-Je", l'esprit est ramené à la source de toute existence. Rien ne peut enfreindre cette remontée, ou ce retour à la réalisation de ce que nous sommes en définitif. Ni le moi personnel, ni l'esprit, ni l'âme ne constitue de réalité tangible, même s'ils appartiennent à des plans d'existence infiniment vastes et profondément complexes en dimension et lumière.

Le Soi a comme qualité d'exprimer une volonté créative de parfaire tout monde, toute dimension, tout univers tout en soutenant, par le fait même, l'organisation suprême et hiérarchique de la création entière et cela de l'immatériel au matériel.

Quelles que soient les formes manifestées, allant de l'esprit le plus pur, à la forme la plus grossière, tout y est parfaitement organisé et à sa place dans ce vaste océan cosmique de la conscience universelle.

D'un point de vue de la conscience manifestée, l'univers apparaît comme contenant des formes et des entités à l'infini. Mais pour la conscience une, la manifestation, aussi sublime puisse telle être, est aussi juste un jeu de lumière. Elle n'est donc ni à nier, ni à prendre pour réel puis-qu'étant, elle aussi, transitoire ; même si ses dimensions supérieures dépassent l'entendement de l'esprit.

Quelle que soit la forme que prend le moi, cela n'empêche pas la question qui "suis-Je" de se poser et de mener à la réalisation du Suprême, qui est notre véritable identité. Ce qui empêche cette question de mener à la réalisation du Soi, est l'incessante activité de l'esprit qui nous fait croire en l'existence du monde tel que perçu. Par conséquent, le moi apparaît aussi comme constituant une réalité tangible ; mais seulement parce que nous y croyons.

L'esprit qui, constamment, projette à l'extérieur des objets, ne voit que le moi à l'œuvre. Mais le moi, d'autre-part, puise son attention de la seule lumière du Soi. Mais le moi n'en a pas conscience, puisque les tendances latentes en l'individu agissent comme réflecteurs de cette conscience supérieure et de cette façon créent le phénomène de l'Ego ou de l'entité se croyant vivre ou incarner de telles tendances.

À travers la question qui "suis-Je", l'esprit transcende ses tendances latentes. Ou plutôt, en cette interrogation, les tendances latentes perdent de leur pouvoir. Ces tendances latentes se manifestent à travers les objets et les formes de pensées, ou se projettent à l'extérieur et créent le monde des phénomènes ou des circonstances.

L'esprit crée la suite d'événements suite aux endroits où se fixe son attention. Mais cela l'esprit ne peut ni l'admettre et ni le percevoir autrement qu'en se tenant détaché de lui-même. Mais puisque son attention est portée à l'extérieur, il s'accorde une fausse identité. Pour déceler l'irréalité du moi, la question qui "suis-Je" doit être posée. C'est la façon la plus directe et pratique pour réaliser l'irréalité du phénomène de l'esprit et des événements.

C'est parce que nous croyons au monde, et que nous prenions pour acquis nos interprétations de ce monde, que nous nous retrouvons prisonnier du joug du faux moi. C'est cela la souffrance. Nous nous imaginons tellement que sans notre moi nous serions perdus et dans un état des plus vulnérables, que nous préférons nous imaginer être une entité tangible avec ses inquiétudes et ses insécurités sans fin.

C'est parce que le moi est en soi inexistant, que nous sommes des êtres fondamentalement fragmentés avec la peur se tenant en arrière plan de la conscience. Pour trouver le bonheur qui dure, la paix qui subsiste malgré tout changement, tout imprévu, l'esprit doit résider en sa vraie nature, qui est cette présence sans forme, inconnue et immobile. Cette présence ne se trouve qu'à travers la question qui "suis-Je". Là où il n'y a plus d'objets de perception. *S'il n'y a pas d'objets, il n'y a pas de moi et s'il n'y a pas de moi, aucun problème ne peut survenir.*

Il est certain que ce n'est pas seulement à travers la seule question qui "suis-Je" que l'esprit s'établit définitivement dans la présence du Soi. Seulement, dans la persistance de cette question, les tendances latentes se fondent graduellement et de plus en plus rapidement. Alors, l'esprit passe de l'activité du moi au "non-moi", puis vient le temps où le Soi se charge du reste. Alors l'esprit se dissout lui-même et ne reste plus que la vraie identité du Soi.

L'esprit ne perçoit plus la simple lumière reflétée du moi, mais est absorbé dans l'origine même de toute lumière. Mais il est difficile de persister dans le "non-moi", puisque, en même temps que les illusions s'écoulent, l'esprit rencontre les insatisfactions les plus dévastatrices, en même temps que ces tendances latentes les plus subtiles. L'esprit doit continuer à exercer sa capacité à demeurer dans le Soi jusqu'à ce que cette pratique puisque amené l'esprit où cette pratique, précisément, est remplacée par un état d'être, où la question de savoir qui nous sommes ne se pose même plus.

L'esprit ne peut pas se fuir à lui-même, même si nous pouvons y croire et nous illusionner de cette façon pour des éternités. Plus l'insatisfaction est grande, mieux vaut pour l'esprit d'y faire face, de l'assumer, de la recueillir, de l'aimer. C'est pour lui l'occasion de se libérer réellement. Que l'esprit demeure ardent fasse à conserver une ouverture face à lui-même !

Si l'esprit peut demeurer immobile et dévoué au "non-moi", alors, assurément, la libération est proche. Mais que le chemin se poursuive en toute simplicité. Ce n'est pas nécessaire de lutter. Les choses peuvent être allégées aussi. Rien est vraiment trop sérieux. La réalité si épaisse dans laquelle nous nous retrouvons n'est qu'une illusion de toute façon. Que l'esprit soit juste présent, sans effort, sans contrainte d'aucune sorte. Alors, les choses se révèlent naturellement. Il n'y a que des histoires et non de véritables acteurs.

Dans l'unique Présence, tout monde apparaît comme un rêve. Plus aucun mouvement n'est nécessaire. Qu'il soit question d'une extroversion du moi ou d'une introversion menant au "non-moi", cela aussi devient secondaire. En l'unique existence, il n'y a aucune contrainte que ce soit, puis-qu'étant sans dualité. Seul l'esprit, trompé par le monde des apparences, crée la division, d'où le besoin d'agir ou de ne pas agir, de chercher à comprendre ou à se libérer de la souffrance.

S'interroger sur l'entité pensante qui agit ou réagit ou dort, est sûrement la façon la plus simple nous délivrant de toutes difficultés. Que l'esprit se retrouve dans quelque état que ce soit, cela ne trouble point la présence immuable du Soi. L'esprit éveillé réside dans un éveil continu, puis-qu'étant conscient du moi éternel ; il est aussi l'état de rêve le plus grand puisque pour lui le monde se résume simplement à une répétition de phénomènes transitoires. Il demeure dans cet état de conscience éternelle puisque n'ayant plus aucune conscience corporelle du moi personnel.

La pratique intensive à travers l'interrogation qui "suis-Je", ramène l'esprit à sa source. Cette pratique révèle tranquillement à l'esprit que tout état, du mondain au plus extatique sont passagers et donc irréels. Ce qui reste est l'éveil à la conscience inchangée, qui seule a constituée notre héritage souverain.

Il faut être silencieux pour recevoir la révélation du Très Haut. Être silencieux ne signifie pas, non plus, de s'efforcer à être silencieux. Car qui est l'entité s'efforçant d'être silencieuse, sinon l'activité elle-même du moi qui se ment encore à lui-même ! L'esprit doit réaliser que les mots ne sont pas non plus la réalité et qu'il doit entreprendre le chemin de la découverte du réel par lui-même, sans aucun médiateur.

Lorsque, effectivement, l'esprit est sensible à l'unique présence à travers le silence, il rencontre son maître, le seul. Toute autorité naît de ce seul maître. Seule cette autorité, émanant du Soi, peut agir à travers les paroles de quiconque. Sans cette autorité, les mots n'ont pas de signification et n'ont aucun pouvoir. Même s'il n'y a pas de mots, si l'esprit ne fait plus qu'un avec le Soi, cela agit également dans l'univers en entier.

Chapitre VIII

Être conscient face à ce qui se passe ne se limite pas aux objets de perception. Nous pouvons avoir conscience de quelque chose d'extérieur à soi-même, ou de quelque chose à l'intérieur de soi-même, mais cette prise de conscience concerne, en son centre, l'observateur, le moi. Celui-ci peut être d'une forme très subtile et s'imaginer ne pas être au centre de toute prise de conscience. Le moi peut avoir une compréhension intellectuelle du Soi et ainsi penser qu'il connaît le Soi, tout en l'incarnant.

Le moi a besoin de s'établir dans une forme puisque sans cela, évidemment, il n'y a pas de moi. C'est pourquoi, même dans la spiritualité, le moi joue son rôle et se couvre, à sa guise, de formes subtiles trompant l'œil du commun des mortels. Même si le moi s'identifie à une forme subtile, tel le concept de la non-forme, cela demeure quand même du domaine de la pensée – ce qui ne reste qu'à la surface de la conscience.

Ce ne sont pas les mots, ni les explications mystiques qui font qu'un esprit soit établit dans le "non-esprit" et puisse ainsi exprimer quoi que ce soit à partir de la source de toute conscience. Comme la source de cette conscience n'a pas d'objet, les mots n'ont aussi plus de signification. En fait l'esprit transcende le moi lorsque plus aucun mots ne sont entretenus.

L'esprit éveillé ne perçoit pas les choses comme existant séparément ou de façon divisée de lui, que ces choses se trouvent à l'extérieur de l'esprit ou à l'intérieur de celui-ci. De la même façon, pour l'esprit éveillé, le moi non plus n'apparaît plus comme un objet – comme s'il y avait quelque chose d'extérieur à nous-mêmes dont nous devrions nous départir. En fait, le véritable éveil de l'esprit s'effectue indépendamment du moi. C'est simplement une reconnaissance de Cela même qui reconnaît ce qui est de la nature du moi ou de la nature du "non-moi".

La division entre un sujet et un objet est inexistante. Le pure éveil de la conscience est l'état d'être suprême, englobant toute direction, toute dimension. C'est une lumière pure où aucune ombre n'a d'existence. En cet éveil la forme fait place à la non-forme, puis à la forme, puis à la non-forme, etc. L'esprit fait place au "non-esprit". Le sujet comme l'objet n'existe pas en cet éveil.

Seule est présente l'unité de la conscience universelle en laquelle le monde et sa séparation n'ont pas de réalité. L'éveil exprime la réalité de l'être unique. En lui, toute ombre se dissous, comme le moi avec ses illusions sans fin.

En l'éveil, l'esprit ne se tient pas là comme un sujet, s'observant et prenant en note les changements s'effectuant en lui-même. Bien que cet éveil relatif puisse avoir sa place, l'éveil de l'esprit comme tel est simplement l'éveil comme tel. Un éveil sans sujet et sans objet.

Les obstructions de l'esprit existent du seul fait de l'activité inconsciente du moi. Mais en soi, il n'y a pas d'obstruction. Se ne sont que des ombres, des irréalités prenant place lorsque l'attention du mental est portée sur l'extérieur et captée, comme telle, sur les objets extérieurs. C'est pourquoi, à travers l'éveil, ce n'est pas que les obstructions se dissolvent l'une après l'autre, comme si l'esprit, du haut de son perchoir, pouvait prendre conscience de l'apparition ou de la disparition d'une obstruction qu'elle quelle soit.

L'éveil est l'expression de la réalité de la conscience une, en laquelle le monde de la séparation est transcendé ; ou simplement révélé comme n'existant pas. L'esprit, à travers le silence et l'immobilité, disparaît pour faire place à cette conscience illimitée. En elle, aucune obstruction n'existe. Le moi se révèle dans son irréalité et avec lui s'évanouissent aussi toutes les obstructions.

Seul le moi crée les ombres. Lorsqu'il n'y a pas de moi, il n'y a pas d'ombres. De la même façon, lorsque l'esprit ne fixe plus son attention sur les ombres, les objets ou les formes, le moi non plus ne peut plus subsister. C'est pourquoi, en l'éveil, l'esprit ne se débarrasse pas d'une chose après l'autre pour parvenir tranquillement à un plus grand éveil même si ce processus puisse prendre place. Le moi est une irréalité dès le départ.

Se baser sur l'idée que l'esprit constitue une réalité quelconque, est se méprendre dans le jeu des apparitions et des disparitions. C est l'irréalité du sujet et de l'objet. L'esprit ne trouve pas plus de lumière parce qu'il vient de percevoir une illusion. Il est cette illusion.

Ce qui perçoit en nous, n'est pas l'esprit mais bien le Soi en lequel aucune ombre n'existe. Par conséquent, en lui n'existe, aussi, aucun besoin de se libérer de la division du sujet et de l'objet. L'esprit doit se calmer, rester immobile et laisser aller les choses et les idées qu'il a de lui-même. De cette façon, il peut remonter à la source et découvrir qu'il est lui-même la source. Plus rien ne fait signe d'aucune existence séparée. Ni le moi, ni aucun objet ne font surface comme étant divisé. De la même façon, surviens la réalisation qu'aucun karma, ni aucune direction ait jamais existé.

La pureté de l'esprit ou ses impuretés ne sont que des concepts, des phénomènes relatifs, des vagues dans l'océan. L'éveil de la conscience transforme la qualité de la vie, lui conférant la majesté et la beauté. L'esprit ne change pas de point de vue en cet éveil, mais perd tout sens d'existence relative.

Au départ, l'esprit s'éveille au fait de l'irréalité du moi personnel et retrouve son essence cosmique lui indiquant la raison de son incarnation dans la chair et puis, une fois remontée à la source de toute existence, il s'éveille au fait que ni le moi, ni la divinité n'ont jamais eu de début ni de fin.

Le mouvement de la création va son cours, comme les vagues de l'océan qui vont et viennent. Quelles que soient leurs formes, leurs mouvements, cela n'altère pas l'immobilité de l'océan lui-même. En le Soi tout existe, comme rien n'existe. Si la forme est vide, pourquoi sans faire ?

Que l'esprit soit sous l'influence du moi ou du "non-moi", en le Soi, ce n'est qu'un jeu. Ce qui doit être fait sera fait de toute façon. Il ne faut pas se préoccuper de ce qui se passe en l'éveil. Mais tant qu'une seule trace d'inconscience apparaîtra dans le champ de nos activités, l'esprit ne sera pas entièrement libre. Le cheminement à travers l'investigation 'qui suis-Je' mènera l'âme errante, éventuellement, à l'établissement permanent dans le Soi.

En l'éveil total, les choses continuent d'aller et de venir, mais n'altèrent en rien cet éveil. Les objets apparaissent en lui, mais ne laissent aucune trace. C'est l'éveil de l'éveil par rapport aux objets. C'est l'éveil du non-éveil. Nous n'entrons pas dans l'éveil, celui-ci vient nous chercher. Cet éveil est sans forme et n'a pas de nom ni de lieu où il peut être trouvé. Étant au-delà du temps et de l'espace, l'esprit ne peut pas s'efforcer de la conserver ou de rester dedans. L'esprit peut juste poursuivre les objets. L'esprit peut acquérir et prendre possession d'objets, mais il ne peut pas attraper ce qui ne réside nulle part. L'esprit peut simplement réaliser cela et en cela et en cet éveil, il devient silencieux et alors seulement l'éveil peut se manifester pour lui.

Cet éveil nous ramène chez soi, dans notre vraie demeure. Ce n'est pas l'esprit qui y entre. L'esprit s'immobilise et l'éveil total fait le travail. Si l'esprit entre dans cet éveil, c'est le moi qui se manifeste et crée l'illusion de l'éveil. L'esprit n'entre nulle part ailleurs que dans l'illusion de sa propre existence égotique.

Sans aucune raison, l'éveil vient prendre l'esprit et le met en face de son propre vide. Alors tout s'effondre et ne reste plus que la béatitude de cet éveil même. Il n'y a rien que l'esprit puisse faire, sinon réaliser l'illusion de sa propre existence et des objets l'entourant. Si cela est atteint, alors l'éveil peut venir le capter et l'établir en son cœur ; en celui de la création entière.

Celle-ci même, n'est qu'un petit coin dans le Soi, comme est l'esprit. Que l'esprit conserve en pensée le très Haut ; alors il saura laisser aller le superflu et peut être s'oublier, ou oublier qu'il existe séparément du Soi. Alors, naturellement, l'esprit peut réaliser Cela, c'est tout ce qu'il peut faire : se calmer, cesser ses poursuites, se retrancher du monde des objets et se reposer. Le reste, le Soi s'en charge et il n'attend que cela, nous pouvons y croire. En fait, c'est tout ce qu'il attend de l'esprit – que l'esprit s'éveille, s'arrête de se perdre dans les objets de désir et de poursuite. Alors, naturellement, ses tendances latentes peuvent partir tranquillement, comme tombent de leurs arbres les feuilles en automne.

L'esprit ne quitte pas le monde pour venir s'établir dans l'éveil. L'esprit réalise l'irréalité des choses de ce monde suivant quoi l'éveil fait surface et retranche l'esprit du monde, comme un fruit mûr tombant de l'arbre.

L'éveil fait le travail à travers l'esprit. Celui-ci, dans l'introversion, attire l'éveil pour ne faire plus qu'un avec lui. Alors subsiste ce qui seul est réel et permanent, c'est la nature de l'éveil total.

L'esprit réalise, qu'en fait, il n'a jamais été ailleurs que dans cet éveil. C'est comme si l'esprit se réveillait d'un long sommeil où il réalise que les objets de ses rêves n'étaient qu'imaginaires. L'esprit, tourné à l'intérieur, devient Cela. Comment cela se produit, il n'y a pas d'explication. Que l'eau se manifeste à travers des vagues ou à travers une simple goutte, l'eau reste la même.

La forme est la manifestation du pouvoir créatif du Soi. La manifestation poursuit son cours, puis-qu'étant contenue dans la conscience infinie. Qu'il y ait la manifestation ou l'absence de manifestation, cela ne change en rien la qualité du Soi. Que l'esprit expérimente une chose ou une autre, passe à travers tel cycle ou tel autre, cela n'altère point l'essence du Soi.

L'esprit ne doit pas se préoccuper de ce qui survient ou disparaît en lui. Il y aura toujours du mouvement ou du non-mouvement, de l'action ou de l'inaction. Cela, ne change en rien l'existence du Soi. L'éveil de la conscience ne se manifeste pas par rapport à une chose ou une autre. Mais révèle la qualité du Soi en toute chose. C'est cela qui libère.

Une libération par rapport à une chose ou une autre, est un jeu de l'esprit. Une libération qui se trouve, est une libération qui se perd. Alors nul n'est nécessaire de se préoccuper d'atteindre quelque chose qui n'existe même pas de toute façon. Que l'esprit laisse les choses venir et partir d'elles-mêmes, puisque telles sont leur nature. Alors, nul besoin de s'en faire avec les saisons de la nature. C'est cela la nature de l'éveil. Celui-ci nous transporte dans la présence de l'être Suprême. Cela qui est et qui a toujours été et qui sera éternellement. Que l'esprit ne soit pas à la recherche d'aucun éveil.

Chapitre IX

Dans la conscience toutes choses apparaissent et disparaissent. L'esprit vient de la conscience et de l'esprit naît le moi et avec lui apparaît le corps et ses organes de perception. Tout cela est en nous, à l'intérieur de la conscience. Nous devons nous reconnaître comme la conscience pour voir toutes choses comme étant la conscience. Mais l'esprit est troublé parce qu'il s'identifie au corps et aux objets de la pensée et c'est cela la cause de la souffrance. Il n'y a juste qu'à réaliser que nous venons de la conscience et que nous allons retourner en elle et que notre vie n'est suit un cours déjà conçu par le Suprême.

Pourquoi s'acharner à penser que nous ne sommes que cette forme, cet esprit, ce moi et ce corps avec ses facultés sensorielles ? Ce n'est qu'un jeu dans un immense théâtre. Pourquoi pas tout simplement demeurer à la source, être la conscience et se laisser être, sans résister, ni sans s'identifier au rôle ? Le moi est de nature transitoire de toute façon. Lorsque le moi se pose la question qui "suis-Je", il ne peut répondre parce qu'il réalise son vide. Il peut réagir et s'imaginer être ceci ou cela, ayant en mémoire telle ou telle expérience et connaissance des choses et du monde et c'est cette identification aux choses accumulées en mémoire qui fait qu'il croit être une entité tangible avec ses opinions sur toutes choses.

Avec ses désirs, ses peurs, ses goûts et les choses qu'il aime ou pas, ses relations intimes et celles qu'il ne cherche à nier ou à fuir mais qu'il attire malgré tout. Mais tout cela ne sont que des attachements à des idées de ce que l'esprit devrait-être ou ne pas être. Ce ne sont que des idées, des objets de poursuites. Tant que l'esprit sera identifié aux objets de perception, il pensera aussi qu'il est ce corps et qu'il doit, en premier lieu, chercher à se faire une place dans ce monde et à prendre soin de sa vie physique avant tout. Cependant, en réalité, tout cela est vide.

La société met l'accent sur l'élargissement du moi et l'apparence physique. Malheureusement, nul n'ose aller à contre-courant de ce système de choses. Étant intérieurement seul, sentant l'agonie de la réalité du monde transitoire, nous nous précipitons dans l'abîme. Par conséquent, nous croyons qu'il vaut mieux que nous nous préoccupions, en premier lieu, de notre moi et de notre vie physique.

La croyance est que nous sommes nés et que nous allons mourir. Mais cette croyance n'est pas fondée. Ce n'est pas parce qu'une chose apparaît puis disparaît que nous nous limitons à cela. Si l'esprit regarde de près qui il est, réellement, ce qui est perçu n'est autre que le vide. Alors pourquoi ne pas l'accepter ? Pourquoi se faire accroire que nous sommes ceci ou cela, telle forme ou telle autre ? Pourquoi se créer cette misère ? Il n'y a rien à préserver ni à développer. Il n'est pas nécessaire d'être ambitieux et espérer devenir quelqu'un de spécial. Il n'est pas nécessaire de souffrir pour atteindre quelque but que ce soit. Se ne sont que des rêves que l'esprit croit réels puisque lui-même est aussi qu'un rêve.

Lorsque l'esprit réalise qu'il n'est rien sans identification aux objets et aux formes, c'en est fini du pouvoir de l'illusion sur lui. Il lui est bien plus simple de résider en ce vide et d'observer se défiler devant lui le jeu des formes et des couleurs. Ce n'est qu'un jeu, pourquoi ne pas le prendre pour ce qu'il est ? Alors nous pouvons être en ce monde et jouer notre jeu sans nous-y identifier. Mais parce que nous devenons conscients du vide, qui est notre véritable nature, nous ne nous identifions plus en tant que moi personnel, séparé du monde. Nous sommes la conscience d'où jaillissent toutes ces formes, nous n'avons qu'à rester silencieux et la vérité apparaît sous son grand jour. Cela est simple. C'est la seule réalité qui soit. C'est ce que nous sommes, nous n'avons qu'à nous calmer l'esprit et à réaliser que ce que l'on croit être, n'est que le vide, comme est la nature de toute manifestation.

Qu'il s'agisse d'objets, de formes ou d'entités visibles ou invisibles, leur nature réelle est la même, c'est-à-dire le vide. Toutes manifestations a comme essence le vide et c'est en lui que nous nous retrouvons assurément. Alors la conscience cosmique, spirituelle, universelle, personnelle et physique est une seule et même chose. Il n'existe pas de séparation. Toutes choses comme tout être se révèle, en essence, vide. Nous n'avons qu'à laisser le jeu être ce qu'il est. Nous pouvons nous identifier au joueur, comme nous pouvons être la conscience. Nous avons le choix, c'est la seule liberté que nous avons parce que nous somme cette liberté.

En vérité, la seule liberté dont nous disposons est de réaliser que nous sommes la conscience. Tout le reste est une illusion. L'esprit peut penser qu'il dispose du libre arbitre et que par là, il lui est possible de faire ce qu'il veut. Mais qui choisit ? L'esprit se met à comparer un objet de perception à un autre et de cette façon il fait un choix. Mais ce choix est relatif au jeu des formes. Aucun choix n'a rapport avec quelque chose de réel. Par conséquent, il n'y a pas de libre arbitre. Il n'y a que répétition de tendances latentes qui poussent l'esprit dans une direction plutôt qu'une autre.

L'esprit, réalisant son essence vide, prend aussi conscience de la nature vide des objets de désirs. Alors il n'y a plus de choix. Le libre choix est donné à l'esprit afin qu'il expérimente, par lui-même, la dualité du monde phénoménale. S'il n'était pas de ce libre choix, qui est d'ailleurs relatif au moi, l'esprit ne parviendrait pas au développement de son individualité. Cependant, au niveau de la conscience supérieure, l'esprit réalise que le libre choix est aussi irréel que le "Je" lui-même.

De l'océan de la conscience naquit le sens du "Je" et son développement, jusqu'à son retour au Soi. Ayant atteint son but, la création aussi complète son cercle. C'est le mouvement de va-et-vient dans le Soi. Point besoin de s'identifier à cette individualité puisque là n'est pas le but. La création se charge de sa manifestation. Elle est en nous, nous sommes en elle et nous sommes aussi le vide de la conscience.

Le vide n'est pas l'anéantissement de toute chose. C'est la réalisation que seule existe l'unité et que toute division apparente n'est qu'un simple mouvement de va-et-vient dans la conscience. Du début à la fin, la conscience est Une. C'est cela la nature du vide. Ce n'est pas le vide exprimant l'absence d'objets, c'est la réalité du mouvement sans cesse de la vie. Mais ce n'est que par rapport à la forme que le vide prend son sens.

Si l'esprit réalise le vide derrière toute chose, il peut se permettre d'émerger dans un océan grandiose et réaliser que rien n'est divisé de lui. Par lui-même, l'esprit n'existe plus en tant qu'entité séparée, mais de cette façon, plus rien n'existe indépendamment de lui. Il devient toute chose puisque n'étant plus rien de personnel même si son unicité se développe comme une fleur au printemps.

L'esprit se cristallise dans une forme à travers le désir et celui-ci lui apporte l'illusion du libre choix. Mais tout objet de désir a une fin. L'esprit se retrouve à nouveau en face de l'illusion du choix. Il n'y a pas de libre arbitre, puisque l'esprit est en essence la vacuité. À quoi pensons-nous que le choix peut mener ? L'esprit passe d'un objet à un autre, d'une idée à une autre, d'une expérience à une autre, d'une vie à une autre. Il n'y a pas de fin sur cette voie. C'est parce que la nature de la manifestation est la vacuité que l'esprit passe d'un objet à un autre.

Lorsque l'esprit cesse de s'attacher aux objets de sa propre création, il réalise le vide. C'est en discernant le vrai du faux que l'esprit devient sage. En fait, c'est dans le vide que toute sagesse réside. C'est pourtant simple. Il ne suffit que de réaliser la nature vide de toute manifestation pour trouver la sagesse. La seule vérité concernant notre liberté est celle de l'existence du vide. En lui la conscience est une et le temps et l'espace perdent aussi de leur signification. Qu'est-ce que le temps et l'espace pour ce qui n'a ni de début ni de fin ?

Le temps et l'espace sont nés de l'esprit encore ignorant de la nature vide de toutes choses. Mais lorsque l'esprit détache son observation des objets de perception et regarde à l'intérieur ce qui vraiment existe, qu'est-ce qu'il trouve ? Rien. Alors il n'y a pas à s'en faire puisque tout vient du vide et retourne au vide.

Le vide est pourtant une très belle chose. En lui réside la plus grande béatitude et la connaissance vraie. La conscience une est le contenu de toute chose et c'est ce que nous sommes. Pour réaliser qui nous sommes, nous n'avons qu'à cesser le bavardage intérieur, à quitter notre regard sur les formes et les objets et à rester immobile dans cet inconnu. Alors, en cet éveil, manifestement, la vérité est mise à jour. Être ou ne pas être est une idée en ce vide.

Qu'il y ait la manifestation ou l'absence de manifestation, la conscience demeure. Si nous restons unis à cette conscience, nous ne subissons plus les changements de formes. Nous pouvons, au contraire, les apprécier et en rire. Mais si nous nous identifions au moi et au corps, nous nous faisons basculer d'un côté et de l'autre par ces formes innombrables.

Nous n'avons qu'à prendre ce moment pour rester silencieux et laisser les pensées aller et venir. Qu'est-ce qui reste, n'est-ce pas la conscience ? C'est ce que nous sommes. Il suffit que nous nous arrêtions à bavarder intérieurement pour trouver notre vraie identité en laquelle nous pouvons réellement nous reposer et trouver le sens de toute chose.

Nous ne sommes pas séparés de quoi que ce soit. Toute division est en fait une irréalité. En fait, aucune séparation n'a jamais existée, comme ce monde dualiste dans lequel nous vivons. C'est ce que nous sommes amenés à comprendre. Le monde n'est qu'un théâtre et l'esprit n'est qu'un acteur. Que la vie soit ce qu'elle est. Cela n'est pas un problème. Le monde peut-être ce qu'il est, comme l'esprit. Cela ne pause pas de difficulté. Mais que l'esprit demeure dans le silence sans aucune identité, ni direction. Alors il peut être n'importe où, cela ne change pas la réalisation du vide derrière toute chose.

La conscience est en toute chose, c'est pourquoi le monde ne peut plus nous faire peur. Au contraire, nous pouvons désormais avoir de la sympathie pour le monde. Une vraie compassion vient de ce que l'esprit réalise que tout est la conscience et que rien n'existe sans la conscience. Alors nous aimons naturellement, parce que la conscience est amour le plus pur et universel.

Chapitre X

La perception directe de ce qui est, révèle la présence du sublime, du Tout inclusif. L'esprit tourné à l'intérieur ouvre les yeux du Soi.

Les yeux intérieurs voient infiniment plus que les yeux de la tête. Pour les yeux intérieurs, il n'y a ni de passé, ni de futur. Les yeux du Soi n'ont pas de limite, puisque nul forme n'apparaît devant eux.

Nos yeux sont aveuglés par l'apparence des choses. Une fois que nos yeux captent la lumière réfléchie sur les objets, nous prenons la lumière réfléchie pour ces objets. A partir de la vision de ces objets, l'esprit entre en jeux et désir la répétition du plaisir ou de la sensation. De cette façon l'esprit s'identifie à son rôle et prend pour la réalité ce qui naît de sa propre fabrication.

C'est parce que l'esprit est se trouve sous l'influence du désir, qu'il nie la réalité du Soi en lequel rien ne manque, puisque tout y est contenu ; étant toutes choses. Au moment où nous nous mettons à désirer, nous accordons une réalité à quelque chose qui est vide. Le désir amène l'existence du moi et de la séparation entre ce qui est et ce qui devrait-être. C'est cela la misère.

L'esprit, étant une création imaginaire, soumis aux causes et aux effets, ne peut jamais trouver la pleine satisfaction, puis-qu'étant toujours projeté dans le temps. C'est ainsi que le passé écrase le présent pour créer le futur.

L'esprit reçoit les informations transmissent par les facultés sensorielles et se met à y penser, à accorder aux objets perçus des mots et des interprétations basées sur son passé avec ses habitudes et ses peurs. L'esprit s'identifie aux objets perçus et les dénature par ses interprétations. Il ne lui suffit pas de regarder un paysage pour ce qu'il est. Il lui faut s'accaparer de l'image qui lui apporte le plaisir.

Lorsque l'esprit se met à interpréter le monde autours de lui, il se met à diviser ou à rejeter. Il désire ce qui lui apporte la satisfaction et rejette ce qui le déplaît ou ne lui apporte rien. Qu'il s'agisse de satisfaction ou d'insatisfaction, l'esprit est prisonnier de ses propres projections. Son monde et ses objets sont aussi vide que lui.

Ce n'est pas le vide qui fait souffrir. C'est le désir constant de trouver autre chose qui amène la souffrance à l'esprit ; car en cette voie, l'esprit ne trouve jamais la pleine satisfaction. Il y aura toujours des objets à désirer et à chaque acquisition, l'esprit réalise que l'objet désiré n'apporte pas ce que l'esprit avait espéré de cet objet. En fait, nous trouvons le plaisir à travers nos représentations imagées de ces objets de désir. Mais une fois que l'objet est acquis, il n'y a plus lieu d'imager quoi que ce soit. L'objet se révèle vide.

Toutes résistances à ce qui est, est source de malheur. Tant que l'esprit sera la proie au désir, la réalité de ce qui est lui exposera la réalité en face. Pourquoi ne pas faire face à ce vide ? Si l'esprit n'a aucun objet de désir, n'épouse aucune direction, ni ne cherche à accéder ni à rejeter ou à nier, alors le vide se révèle dans sa paix la plus complète et l'esprit laisse aller son histoire avec sa misère et ses luttes sans fin.

Le premier pas est assurément le dernier pas. Si l'esprit met fin à ses représentations imagées des choses et du monde, il n'y a plus d'identification et donc plus de mémoire. Si le passé comme le futur sont inexistants, le moi aussi ne peut survivre et s'il n'y a pas de moi, il n'y a pas d'illusion, donc pas de souffrance.

En réalité, il n'y a jamais eu aucun objet de désir qui n'ait constitué quelque réalité que ce soit. L'esprit n'a fait que nier indéfiniment la nature vide de ses objets de désir et par conséquent, l'esprit s'est aussi toujours nié.

L'esprit a toujours nié la réalité de sa vraie identité : le vide. Mais ce vide apparaît comme le néant parce que l'esprit ne peut concevoir le vide qu'en termes d'absence d'objet. Le vide est certainement plus que cela. En fait, le vide révèle la réalité du Soi qui est l'essence même de l'esprit. Ce Soi a été et sera toujours la nature de toute existence. L'esprit doit discerner la nature transitoire des choses et s'immobiliser dans le vide de la conscience Une ; sa propre conscience !

Lorsque l'attention de l'esprit se tourne vers l'intérieur, cette même attention devient l'attention du très Haut. Seul le vide ouvre les yeux sur le réel. Les yeux du Soi révèle la vraie essence derrière l'apparence. Les yeux de l'intérieur s'ouvrent sur la beauté immaculée de l'espace infini de la conscience. Seule cette beauté se déroule en face de ses yeux. Alors toutes choses révèlent cette beauté, puisque seule cette beauté existe.

Si nous avons de la difficulté à nous tourner à l'intérieur et à permettre les yeux du Soi de regarder à travers nous, c'est que nous nous laissons distraire par l'esprit.

Seul notre propre esprit est notre ennemi. Il n'y a pas d'ennemis dans le monde. Nous sommes notre propre ennemi et celui-ci est l'esprit avec ses tâtonnements.

L'esprit obscurcit les yeux du Soi et la seule lumière que l'on peut alors percevoir, est la lumière diminuée, reflétée de l'esprit sur les objets et les formes. Avant de nous faire accroire que nous avons besoin de ceci ou de cela, d'une telle assistance ou d'une telle autre, d'un tel gourou ou d'un tel autre, il faut trouver si notre point de vue est supérieur au point de vue du vrai Soi à l'intérieur. Le point de vue du vrai Soi est le Soi. La vérité est. Il n'y a rien à désirer d'autre que cette vérité. Il n'y a que le Soi en nous. Le reste n'est qu'imagination, rêverie.

Tout chemin, toute expérience ne sont qu'hallucinations. Cela est la vérité. Toute recherches, toutes expansions, tous développements, toutes sciences, sont des mensonges, du passe-temps pour l'esprit obscurci par son identification aux objets et aux formes. Toutes recherches cessent lorsque le Soi est révélé puisque contenant toute chose, toute destinée, toute création.

Pourquoi ne pas accepter le vide et laisser les yeux du Soi regarder à travers nous ? C'est la voie la plus simple. C'est la seule voie. Tout le reste, est de remettre à plus tard. Mais il n'y a pas de plus tard. C'est ce qu'il faut comprendre !

Le demain n'existe pas plus que le passé. C'est parce que nous répétons les mêmes histoires du passé, que nous croyons encore au futur. Mais ni le passé, ni le futur existe vraiment. Le passé a été un résultat d'un présent et le futur est aussi un produit du présent. L'expérience du passé comme du futur n'existe que dans le présent. Et qu'est-ce-que le présent ? Nous sommes tellement concernés par le passé et le futur sans toutefois comprendre le présent.

Il faut tout abandonner, surtout l'idée que nous sommes ce "Je" et le corps. Alors les yeux de la vraie conscience peuvent s'ouvrirent en nous et nous faire voir la vérité du monde qui est la beauté immaculée de l'unité de la vie. Nous ne sommes pas autre chose que cela. Le reste, est le jeu de la conscience. Le va-et-vient de la manifestation. Celle-ci apparaît et disparaît. Comme l'esprit, comme la terre, comme les cieux. Tout apparaît et disparaît dans le Soi. Alors nous pouvons nous reposer, réellement, pour une fois.

Ce n'est pas important qui nous sommes en ce monde, ou ne sommes pas. L'esprit n'est qu'une manifestation dans le vaste océan du Soi. Nous sommes le "non-esprit" autant que l'esprit de tout être et de toute manifestation. L'univers n'est qu'un coin de notre cœur. L'enfer comme le paradis sont les différentes expressions des visages multiples de l'esprit.

La vie du présent révèle la présence du Suprême en nous et le présent est tout ce dont nous pouvons avoir conscience en cet instant. Même si nous prenons une minute de silence en ce moment, nous pouvons nous fondre en le Soi et regarder le monde avec les yeux du cœur.

L'amour pur est l'expression du Soi. S'ouvrir les yeux du cœur nous fait aimer le monde. Car il n'y a pas de dualité dans le Soi. Le monde et sa misère n'existe pas. Nous faisons le choix de vivre soit dans l'obscurité, soit dans la lumière. Ce choix existe dans le présent de notre vie. C'est peut-être le seul choix dont nous disposons. Que l'esprit se calme et le choix est évident.

Plus de fuite possible, plus aucune excuse est permise dans ce présent. L'esprit peut juste se contenir et là, dans cet espace vide, dans ce rien, quelque chose d'extraordinaire se passe. La totalité de la conscience universelle se présente dans sa beauté et dans son amour immaculé. Là, tout chemin prend fin ; tout questionnement, toute lutte, toute misère. Nous pouvons enfin nous ouvrir au monde tel qu'il est.

Chapitre XI

L'esprit cherche à tout prix l'expérience. Ayant perdu la conscience de l'union avec le Soi, l'esprit se meut isolé et dans le besoin de parfaire son existence à travers l'expérience et l'acquisition de connaissances. Mais qui cherche à tout prix quelque chose d'extérieur à lui-même ? Sans que nous nous préoccupions de choses ou d'autres, extérieures à soi-même, si nous laissons de côté le passé et le futur et toutes idées par rapport à ce qu'on est ou devrait être, qu'est-ce l'esprit exactement ? L'esprit ne se dissocie pas de ses pensées et des objets de son attention.

Le contenu de l'esprit, est l'esprit. Il n'y a pas de division en cela. Pour trouver l'esprit, nous n'avons qu'à prendre conscience des objets et des formes auxquels il s'identifie. Alors qu'est-ce que l'esprit sans cette identification, consiste-t-il en une réalité tangible, indépendante de la manifestation ? Et est-ce que l'esprit existe indépendamment de ce qu'on en pense ? En réalité, l'esprit n'est, lui aussi, qu'une autre des nombreuses manifestations parmi d'infinies manifestations. Et selon le plan auquel il est appelé à travailler, il emprunte tel ou tel corps approprié et résonant avec le degré d'intensité énergétique de l'univers dans lequel il se trouve. Mais en essence, l'esprit est une manifestation du Divin et porte en lui la conscience de la totalité, comme toute autre manifestation. C'est la présence ou l'expression de la volonté Divine qui s'exprime en nous et qui nous fait agir dans la direction voulue. Le Don de l'action, donc, vient de la volonté Divine en nous et notre rôle à nous, en tant que manifestation spirite, incarnée dans tel ou tel autre corps, grossier ou éthérique, est d'être sensible à cette présence, suffisamment pour qu'elle puisse agir à travers nous. De cette façon, nous pouvons faciliter et parfaire notre évolution cosmique, laquelle implique nécessairement aussi une transformation de notre esprit, une transformation signifiant une renaissance. Cette évolution de la conscience implique aussi et très certainement la possibilité de faire exactement ce que nous devons faire sur quelque plan d'existence que ce soit, dans quelque lieux que ce soit comme sur la Terre.

En soi, l'esprit, ne s'appartient pas. Il ne consiste certainement pas en une réalité tangible et libre ; puisque n'étant qu'une manifestation du Soi. Cependant, la présence de l'esprit n'existe qu'en fonction de la séparation. C'est la manifestation se regardant elle-même. Par rapport au Soi, il n'y a pas de séparation. L'esprit acquière donc une fausse identité dans le but de se forger une individualité comme unique expression du Divin ; en autant que l'esprit, reconnaisse la Divinité au-dedans de lui sans quoi, ce sens d'individualité devient la cause de tous les maux pesants sur la vie humaine.

Nous croyons bien que le Divinité soit cachée ou que nous ne puissions pas la trouver si facilement. Mais en réalité, c'est parce que nous nous limitons aux objets de perception sensorielles et mentales, que nous ne reconnaissons pas l'existence de la Divinité en toute chose comme en soi-même.

C'est la tendance de l'esprit de croire qu'il y a division entre l'observateur et l'objet observé, comme si l'objet observé existait vraiment et indépendamment de l'observateur. D'autre part, sans objet observé il n'y a pas d'observateur et sans observateur, évidemment, il n'y a pas d'objet observé. Cela est clair mais en général, ce n'est pas comme cela que nous l'entendons. Nous prenons les objets observés comme constituant des réalités comme telles. Ce qui est faux !

Si l'esprit ne s'arrête à aucun objet observé, il n'y a plus d'observateur et l'esprit aussi n'est plus. Ce qui demeure est l'éveil de la conscience en le Soi en lequel l'univers infini se manifeste dans un ordre parfait et l'esprit, en tant qu'unicité de la conscience universelle, est aussi à sa propre place dans cet éveil. Le Soi englobe la totalité de la création et chaque chose occupe leur place respective dans un ordre implacable.

L'esprit se trouve à sa place dans le Soi, même s'il n'en est pas conscient. Pour le Soi, rien n'est pas à sa place.

La misère du monde n'existe qu'en esprit, mais pas pour le Soi. L'esprit se projette à l'extérieur de lui-même et devient ce "Je" divisé. De la même façon, l'esprit devient divisé d'un autre et du monde extérieur.

Quelque part, dans l'océan, une vague s'élève et en rencontre une autre. La dualité existe parmi les vagues seulement d'un point de vue extérieur mais pour l'océan, il n'y a pas de dualité. L'esprit s'élève en tant qu'entité pensante, identifié aux objets de perception et se divise, par le fait même, ou croit être divisé du monde extérieur.

La dualité n'existe qu'en rapport avec le moi. La connaissance du bien et du mal, n'existe qu'en fonction de l'esprit s'octroyant une tangibilité sous la forme du moi. Toute difficulté n'existe qu'à l'intérieur de ce phénomène du moi. Mais en soi, dans la réalité de la conscience, il n'y a pas de séparation, donc pas de misère.

Le moi crée l'expérience du monde extérieur et se rendant compte des imperfections de ce dernier, il cherche des solutions ou à connaître la vérité. Par ailleurs, le moi n'étant qu'une construction mentale, comment pourrait-il réaliser ce qui n'est pas une construction mentale ? L'expérience donc, tout comme la connaissance que l'esprit poursuit, demeure dans les limites de son mental. L'esprit doit se poser la question qui "suis-Je ?" avant de prendre pour acquis qu'il puisse chercher à comprendre le monde ou à le fuir, ou chercher la connaissance de la vérité.

L'esprit, avant de s'élancer dans quelque direction que ce soit, doit prendre conscience de ce qu'il est, dans le moment. Et si nulle réponse ne lui vient, s'il réalise qu'il n'arrive pas à voir quoi que ce soit, alors pourquoi devrait-il se préoccuper d'acquérir des connaissances et des expériences ? Si au tout départ nous ne pouvons comprendre qui nous sommes ou qui est cet observateur, à quoi la recherche ou toute action peuvent bien mener ? Cela est un non-sens. C'est comme un chien essayant d'attraper sa queue.

Quelle validité peut avoir nos connaissances si nous ne nous connaissons pas soi-même ? Qui est l'entité qui cherche la connaissance ou l'expérience et qui est celle qui les trouve ? Si nous nous ignorons, quelles que soient les connaissances ou les expériences, cela demeure vide. Nous sommes amenés à comprendre que le moi consiste en des projections extérieures. Le moi s'identifie aux objets de perception et cherche à consolider son monde autours d'eux. Mais est-ce que les objets aussi consistent en des réalités tangibles ? Ou ne sont-ils, eux aussi, que des projections de l'esprit ? Qu'est-ce qu'est l'objet sans la représentation que l'esprit en fait ? Alors nous devons admettre que l'objet est aussi vide que l'esprit, puisque ni l'un ni l'autre existe indépendamment des représentations existant en l'esprit.

L'esprit s'identifie aux objets à travers les représentations de la pensée et de cette façon, croit en la réalité de ses propres projections. Se sentant isolé, imparfait, il se trouve toujours en face du besoin d'acquérir ou de devenir ou de rejeter. Toute poursuite de connaissances et d'expériences existe seulement dans l'illusion du moi.

Dans la réalisation du Soi, il n'y a plus de connaissance ou d'expérience. Nous n'acquérons pas de connaissance, ni ne faisons l'expérience du Soi. Le "Je" est simplement une illusion, venant avec l'attachement aux objets et aux formes. Le Soi, lui, est indépendant de la forme et existe par lui-même. Il est l'existence même et donc permanent. Il n'a ni de début ni de fin. Toute chose existe en lui, puis-qu'étant toute chose. Mais tout ce qui se apparaît en lui disparaît aussi. Le Soi étant infini et sans limite, ne peut faire l'objet d'aucune expérience et il ne peut certainement pas se définir à travers la connaissance.

L'esprit ne réalise pas le Soi. Il se fond en lui ; et le Soi s'occupe de lui et le dirige dans la bonne direction. Mais lorsque cela se passe, l'esprit devient comme un spectateur et les actions surgissent spontanément dans le bon temps et le bon moment à travers lui. C'est cela la bonne action.

La bonne action prend sa source dans le Soi et non en rapport avec les idées que l'esprit se fait des choses. Lorsque le Soi agit à travers un esprit, il n'y a pas de telles questions comme concernant l'action à prendre. Il n'y a plus de raison quand il est question d'action provenant du Soi à travers l'esprit. Les actions, tout comme les paroles émanent de la volonté du Divin. Mais il n'y a pas de "Je" pour réaliser quoi que ce soit. Sinon que le Soi se reconnaît en l'esprit.

L'esprit et le Soi ne font plus qu'Un. C'est de cette façon que la volonté Divine agit harmonieusement et spontanément à travers l'esprit. Aussitôt que l'esprit pense qu'il fait telle chose ou telle autre, il n'y a pas de volonté Divine agissant en lui. Tant qu'il y a une motivation, un but derrière l'action, il y a nécessairement un "Je" et cela est cause de misère et de division dans le monde.

Pour l'esprit fondu en le Suprême, c'est la fin de la souffrance. Même si cet esprit habite encore un corps sur la Terre et puisse même témoigner de la souffrance inhérente à cette vie terrestre, quel que soit l'endroit où ses yeux se posent, c'est le regard du Soi qui perçoit à travers l'esprit. Pour l'esprit réalisé, il n'y a plus que le Soi autours de lui. C'est la réalité du monde. L'unité de la vie fleurissant à nos pieds.

La misère du monde n'existe qu'en esprit et non pas indépendamment de lui. Pour sauver le monde, l'esprit doit réaliser le Soi au-dedans de lui. Rien d'autre ne peut aider le monde. Celui-ci ne peut pas recevoir aucune aide puisqu'il n'existe pas réellement. L'esprit n'apporte pas son aide au monde, mais parce qu'il réalise la seule réalité du Soi, le monde aussi devient le Soi. Seul le Soi est réel !

Le Soi est l'état de l'être. Il ne se divise pas en lui-même. Quel que soit le mouvement prenant place sur la surface de l'océan, de la vague la plus gigantesque à la goutte d'eau la plus infime, l'océan demeure indivisible et un. L'agitation apparente n'existe qu'en rapport avec l'esprit seul. En apparence, la vie est d'un chaos immense. Mais pour la conscience éveillée, la vie est une et il n'y a rien de mystérieux là-dedans.

L'éveil de la conscience amène la vraie connaissance. L'éveil et la vraie connaissance sont une seule et même chose. L'esprit n'accède pas à la connaissance. Celle-ci lui est donnée en même temps que la Grâce et avec Elle vient le Don de la vie éternelle.

Chapitre XII

La condition naturelle de l'esprit est le Soi. C'est pourquoi nous devons comprendre l'esprit et méditer sur la façon avec laquelle l'esprit crée le monde et devient esclave de ses désirs ; suivant quoi la vraie nature de l'esprit est voilée. En général, l'esprit n'a pas conscience de cela, il est régit par des impulsions l'amenant à agir d'une façon prédéterminée. L'esprit n'est pas conscient que ces impulsions, ces tendances du passé sont le produit du désir. Il est facile d'en avoir une compréhension mentale ; mais aller à travers la perception directe du processus suivant lequel le désir prend place dans la conscience, est la seule pratique essentielle pouvant libérer l'esprit.

Chercher la connaissance à travers les livres ou à un niveau purement mental, n'amène pas à la libération. Cela peut être utile en termes de direction, mais cela est limité, puisque ne mettant en activité que le mental seul.

La pratique de l'introversion du mental vide de toute attente ou but, permet l'émergence d'une conscience totale qui est cette condition naturelle tant cherchée. En elle, la totalité de notre être est exposée, rien ne demeure caché.

Lorsque le moi est silencieux, le renoncement face au monde devient un processus naturel et cela fait place à l'intégrité de l'être entier. Ce n'est que dans cette pratique que l'esprit peut parvenir à déraciner ses tendances du passé et devenir de plus en plus libre de toute entrave.

La révélation de la conscience Une est une chose du moment, puis-qu'étant la seule condition naturelle de l'esprit. Mais pour que tout conditionnement, toute tendance habituelle soit extirpée de la conscience, il est indispensable de s'adonner entièrement et assidûment à la pratique de l'introversion du mental de façon à remonter a la source du "Je suis".

Toute entrave ne peut être enrayée de la conscience qu'à travers le Soi. Sans ce travail, et il est très important de comprendre ceci, l'esprit ne peut s'en sortir et se libérer de ses limitations. Par lui-même, l'esprit ne peut pas se libérer. Seul le Soi peut apporter la liberté. Autrement les tendances du passé se perpétueront indéfiniment, nécessitant l'existence des cycles des naissances et des morts. D'autre part, si l'esprit n'est pas conscient de ces tendances du passé, il ne peut pas, non plus, s'éveiller au processus mental, suivant lequel il s'identifie aux objets de la pensée d'où s'ensuit la montée du désir.

L'esprit perçoit les choses du moment à travers les facultés sensorielles avec ces tendances du passé et choisit de poursuivre ou de rejeter telle ou telle sensation. À ce moment, ce processus d'élaboration d'images mentales se met à l'œuvre suivant lequel l'esprit rejette ou désir la continuité des sensations. L'esprit choisit ce qui est conforme à son conditionnement. Et pour qu'il additionne à ses tendances du passé, l'esprit se laisse emporter par ce processus de conditionnement. Cela va son cours en grandissant. C'est pourquoi, il n'y a pas de libération possible, sans la pratique de l'introversion du mental où seule toute poursuite parvienne à une fin.

Pour se libérer du désir, l'esprit doit être conscient du processus de fabrication d'images suivant lequel l'esprit en vient à se méprendre pour ces images et à agir et penser en fonction de ces images qu'il prend pour lui-même et comme étant la réalité observée.

S'il n'y a pas d'image, de pensée, ou d'émotion, aucun souvenir ou aucune projection, il ne peut pas y avoir ni de désir ni aversion et donc aucune identification. L'esprit demeure solidement présent dans le Soi en lequel il n'y a plus ni allée ni venir. L'esprit émerge dans la conscience infinie où il n'y a ni passé ni futur. C'est la fin de la nécessité de l'expérience et de la souffrance. C'est la mort à sa continuité dans le temps.

La difficulté n'est pas d'atteindre le Soi ; puisqu'il est déjà présent, mais ce qui exige du travail, est la remise en question du moi de façon à libérer l'esprit de ses tendances du passé. La libération par rapport aux obstructions de l'esprit, exige la pratique incessante de la remise en question de l'observateur, du "Je de la pensée".

L'esprit ne se remet pas en question lorsqu'il est agissant, poursuivant un objet mental ou un autre. Le travail sur soi, n'implique pas de distance ou du temps. Il n'est certainement pas question, ici, d'une introspection analytique exigeant une accumulation de donnée théorique, un cadre selon quoi l'esprit peut arriver à des conclusions quelconques. En l'introversion du mental dont il est question ici, au contraire, toute adhérence théorique, toute analyse conceptuelle dans le but d'accéder à quelque chose ou à se défaire de quelque chose a comme centre le moi. La libération est impossible sur cette voie.

L'introversion du mental met fin à toutes directions, à tout mouvement, à tout penseur et donc à toute pensée. C'est l'activité du "non-moi". En se posant la question "qui suis-Je ?", l'esprit cesse ses projections extérieures pour aller à l'intérieur, à la source du "Je suis".

Toute activité mettant en cause l'action du moi, nourrit l'accumulation de ces tendances du passé et fait naître la nécessité du futur. Dans l'interrogation "qui suis-Je ?", l'esprit ne poursuit plus aucun objet, se tournant à l'intérieur, il devient naturellement silencieux.

Cet éveil est en soi la pratique spirituelle dont il est question. C'est le travail continue sur cet éveil qui fait que l'esprit finit par être libre de toute obstruction par rapport aux tendances du passé et de cette façon, il se rapproche tranquillement de sa condition naturelle pour ne plus faire Un avec cette condition. Lorsque l'esprit devient Un avec sa condition naturelle, la réalisation du Soi est trouvée et aucune identification avec l'esprit ne peut ressurgir. C'est la fin de l'expérience. C'est la réalisation de l'esprit dans la totalité de l'être vrai. C'est le chemin du Maître.

C'est à travers l'incessante remise en question du "Je de la pensée", qu'un Maître fraie son chemin. Lorsque l'expérience du Soi est révélée et que cette réalisation est inébranlablement établie, l'esprit à fini sa journée. Les perceptions sensorielles de même que l'activité mentale, à quelque niveau que ce soit, peuvent continuer leur cours, mais l'esprit est immobile, unit au silence et à la vérité du Soi. Pour cet esprit, il n'y a aucun mouvement, seul l'infini du présent parle à travers lui ; qu'il y ait activité ou non du corps. Il n'y a plus de centre, de moi autours duquel tourne, en général, toute activité. Alors la personne continue à vivre dans le monde, sauf qu'il n'y a plus d'identification avec l'esprit ou le corps.

La réalisation du Soi est pourtant l'état le plus naturel qui soit. C'est parce que nous tournons notre regard sur les objets extérieurs, que nous oublions notre condition naturelle et que, par conséquent, nous soyons toujours à sa recherche.

La paix de l'esprit est inhérente au Soi. Cette paix ne peut pas être trouvée à l'extérieur, comme aucun bonheur, aucun contentement. La nature du "Je suis" révèle la paix inébranlable. Quoi qu'il puisse se passer, cette paix demeure, puisque constituant la seule réalité ayant toujours existée. La nature du "Je suis", est stabilité, paix et amour.

Lorsque l'esprit est face à ces troubles intérieurs qui le poussent à s'agiter et à se divertir à l'extérieur, il est important d'y faire fasse et de résider dans l'immobilité du "Je suis". Cette immobilité doit demeurer présente quoi qu'il puisse se passer extérieurement. En fait l'esprit doit demeurer dans la présence du Soi parmi le non-Soi pour ainsi dire. Alors seulement puisse l'esprit voir clair au bout du compte.

Il suffit que l'esprit arrête son bavardage pour un moment, pour réaliser que l'immobilité est toujours présente et que, d'autre part, le bavardage de l'esprit n'a pas de fondement. En fait, le tiraillement de l'esprit est illusoire. Il met en cause le moi qui lui est irréel. C'est pour cela qu'il y a de la souffrance. Il faut demeurer dans l'intervalle des pensées ou des émotions et réaliser qu'il n'y a pas de quoi s'en faire et qu'il n'y a aucune nécessité de se pousser à gauche ou à droite. Mais sans la remise en question du "Je de la pensée", l'esprit se lance dans n'importe quelle direction. Il se trouve contraint à agir d'une sorte ou d'une autre, étant donné son identification avec les objets apparaissant dans son champ mental. Pourtant, la simplicité du "Je suis" demeure, malgré l'apparente agitation du moi.

Pour demeurer dans le "Je suis", L'esprit doit questionner l'observateur en remontant à la source de ses pensées. De cette façon, en cette introversion, l'esprit se rapproche du silence et donc de la nature du "Je suis". Les allées et venues prennent fin dans le "Je suis". Plus aucune question ne se pose, puisque toute question prend lorsque absorbé dans le Soi.

Les questions ne se posent que dans la relativité des choses ; là où l'esprit est pris au dépourvu face au chaos de son mental. Mais dans le Un, dans l'unique présence, il n'y a plus d'observateur et donc plus d'objet observé. Alors toutes questions s'évanouissent pour faire place à la paix déjà existante. Pour se trouver, l'esprit doit cesser de se chercher. C'est en oubliant le présent, que l'esprit se met à se chercher. Mais en demeurant silencieux, l'esprit fait Un avec le présent et naturellement, il est retrouvé.

L'esprit a sa place qui lui est propre dans l'univers. Celui-ci prend soin de lui. L'esprit n'a qu'à s'abandonner et à s'en remettre au plus Haut que lui. La voie s'ouvre au moment où les obstructions de l'esprit n'entravent plus son silence. Il n'y a ni autre lieux, ni autre temps que le présent de notre existence pour nous indiquer qui nous sommes. Si, au lieu de se projeter à l'extérieur, en nourrissant telle ou telle autre pensée, ou en poursuivant tel ou tel autre objet, l'esprit accorde toute son attention, toute son intensité en ce présent même, alors, naturellement, le Soi lui est présenté comme un soleil levant. En le Soi l'esprit trouve sa place, son équilibre et la juste connaissance. Il ne faut pas regarder loin, mais regarder dans ce qui est tout près. Alors l'esprit se calme et peut percevoir qu'il est déjà arrivé à destination.

Chapitre XIII

Lorsque nous regardons autours de nous, nous réalisons qu'en général les humains fondent leur vie sur des perceptions ou impressions extérieures. L'esprit fabule des idées sur ce qu'il croit être la chose à vivre et il cherche, éperdument, à l'atteindre. C'est ainsi que nous vivons dans un monde de pensées, chacun interprétant les choses à leur façon et essayant, tant bien que mal, à réussir à concentrer nos actions dans un but imaginaire. Mais quel est le véritable but de la vie pour l'esprit prisonnier du passé et asservi par le mouvement des causes et des effets ? Sans cultiver le discernement entre le Soi et le moi personnel, il n'y a pas de fin aux quêtes et à la souffrance.

Nous vivons dans un monde d'ombres; car peu d'entre les êtres humains reconnaissent la vraie identité du Soi au à l'intérieur. La seule pratique qui puisse ramener la conscience à la vraie existence est la capacité de retirer toute pensée des objets perçus et de demeurer stable à la source du mental. Ce qui rend difficile cette intériorisation, est l'incessante manifestation des tendances latentes qui ont comme source le moi. Celui-ci, pour se maintenir en activité, a besoin de cette division entre l'observateur et l'objet observé.

L'esprit s'identifie aux formes de la pensée et aux objets perçus et de cette façon il crée la séparation entre le sujet pensant et l'objet de pensée. Cette séparation cause de la douleur puisque irréelle. C'est un mouvement qui enfreint le vaste flot de l'univers. C'est une manifestation antagoniste qui enchaîne l'esprit à ses actions. La seule façon pour l'esprit de se sortir de ce labyrinthe est la recherche du Soi à travers le recueillement intérieur.

Dans le recueillement, toute pensée est suivie jusqu'à sa source, qui est le "Je". De cette façon, la pensée n'est jamais laissée à elle-même, se manifestant dans quelque direction que ce soit. Si, au contraire, l'esprit laisse aller les pensées dans quelque direction que ce soit, celles-ci auront tôt fait de disperser l'esprit et à l'émousser. Ce dernier fini par ne plus savoir quelle direction prendre. Il passe d'une poursuite d'expérience à une autre, sans jamais se contenter pendant que la douleur se propage au dedans.

La pensée ne peut ni être forcée à être inactive, comme elle ne peut être livrée au laissé aller. Dans les deux cas, l'esprit se divise en lui-même et fortifie ses habitudes intriquées. On éteint pas un feu en lui jetant de l'essence. Le laisser aller ne mène pas à la libération, mais il fait place à toujours plus de désir. Empêcher la pensée de se manifester est aussi une façon subtile de lui accorder encore plus de pouvoir. Car qui est l'observateur se proposant d'empêcher la pensée d'être active, si ce n'est qu'une autre pensée ? L'esprit se joue un jeu subtil qui l'enchaîne dans le temps. La seule façon d'apaiser ce mouvement est de retourner sans arrêt à l'observateur. De cette façon la pensée n'acquière plus d'importance et tranquillement, le moi est réduit à l'inaction. Il est nécessaire de toujours retourner à la question 'qui suis-Je', pour que la source de notre être ne puisse jamais être perdue de vue par l'esprit.

L'esprit doit demeurer dans le présent, alors la pensée ne peut plus se manifester ou prendre plus d'importance qu'elle prendrait autrement. Le passé et le futur existent dans la pensée du moi ; puisque celui-ci est un résultat du temps. La pensée, elle aussi, ne subsiste pas sans la réalité du temps et de l'espace. C'est pourquoi, vivre dans le présent ramène l'esprit à la source de la conscience Une.

En étant présent, à travers la question qui "suis-Je", l'esprit se débarrasse de plus en plus des tendances latentes, qui autrement, pousserait le moi à être au centre de toute activité. Par ailleurs, la plupart ne réalisent même pas que l'esprit est soumis à ses tendances latentes et par conséquent, ne se pose même pas la question de savoir qui est-il en définitif. Nous passons des vies entières à vivre comme des machines, répétant toujours les mêmes pensées, les mêmes habitudes et les mêmes façons de voir les choses sans jamais remettre l'esprit en question. Il n'y a pas de plus grande misère !

Pour se réveiller de ce rêve donc, pour devenir des êtres libres et dignes, l'esprit doit démembrer et ramener à leur source, toute moindre pensée. De cette façon, assurément, l'esprit réalise l'illusion du moi et s'en libère par le fait même.

Lorsque l'esprit commence à regarder à l'intérieur, il devient épouvanté devant l'immense désordre dans lequel il a vécu si longtemps. Mais la panique est aussi l'ombre de la pensée. Il faut être rapide pour remonter le cours et à percevoir le moi. Si l'esprit peut demeurer ferme face à la question qui "suis-Je", nulle ombre ne peut l'effrayer, même le désordre résultant de milliard de vies dans l'ignorance et la passion.

Notre vie n'est qu'un rêve alors il ne faut pas s'en faire avec ce que nous avons été ou ce que nous croyons être. Il ne faut pas s'en faire avec la noirceur que nous trouvons en révélant l'origine de la pensée. Car bien des démons en sortiront, bien des pleurs et des lamentations. D'autre part, nous voudrions nous sortir du labyrinthe de nos pensées et de nos émotions, mais en même temps, nous continuons à nourrir ses mêmes émotions et pensées.

Nous nous retrouvons aux prises avec des difficultés d'ordre mentales ou émotionnelles et nous cherchons des solutions à ces problèmes mêmes auxquels nous nous identifions. Il n'y a pas de fin sur cette voie. Il faut mettre fin à cette identification pour faire en sorte que ces difficultés existentielles n'aient plus d'emprises sur notre esprit. Il ne faut pas s'arrêter là-dessus. Il faut que nous puissions regarder les événements de notre vie de façon détachée alors, nous remarquerons que ces mêmes problèmes ne demandent plus de réponses et ils se détachent naturellement de la conscience.

Il est plus important d'être clair face à la position dans laquelle on se trouve que d'accorder notre attention aux phénomènes extérieurs. Il est important de trouver notre centre et y rester et par la suite nous pouvons observer le monde et en déduire des conclusions. Sans cet équilibre, non seulement les choses observées se compliquent telles, mais nous leur accordons plus de pouvoir qu'elles en ont réellement.

La seule façon d'être libre des difficultés existentielles, est de faire la paix avec soi-même en premier lieu. Retrouver la paix de notre esprit, trouver exactement où se trouve la paix tout cours. Cela est pourtant ce qu'il y a de plus simple. En cet instant même, si l'esprit cesse de nourrir toute pensée, il peut se rendre compte à quel point ces mêmes pensées ou émotions se réduisent d'intensité. S'il persiste dans cette immobilité, il peut parfaitement demeurer libre de toute perturbation et trouver sa demeure paisible où nulle question ne se pose, nulle solution est à trouver. Le Soi est déjà réalisé et parfait tel qu'il est. Il faut y demeurer. Il n'y a pas d'autre solution.

Il est certain que l'esprit passera beaucoup de temps en face de la misère accumulée et sera confronté par les tendances latentes et les démons intérieurs. Il se peut que l'esprit sente qu'il ne soit plus capable de rester en face de ces apparitions et qu'il décide de chercher de l'aide extérieure. Cela fait partie du jeu, même si cela n'est pas en soi négatif. Cela peut alléger les temps durs. Cependant, le tumulte est à prendre en considération surtout lorsque l'esprit ne peut plus lui échapper. C'est, en fait, une occasion de voir les déchets accumulés et de les rejeter. L'esprit ne doit pas s'affoler, ni chercher à droite et à gauche des façons d'alléger ce fardeau. Mais il doit y faire entièrement face et réaliser l'immobilité du Soi à l'intérieur même de ce tumulte. Tel est le processus de purification qui doit prendre place. D'ailleurs, tôt ou tard, cela doit prendre place ! En réalité, c'est en arrivant à une place où nous pouvons voir le Soi dans les ténèbres que nous pouvons effectivement nous libérer pour toujours ; car les ténèbres n'existent pas ailleurs qu'en soi-mêmes. Pour se libérer des ténèbres il faut y pénétrer avec la lumière – la lumière de notre véritable identité.

C'est en restant fidèle au présent et en assumant ce qui se présente d'un moment à l'autre avec toute notre attention, en détournant l'esprit des pensées, qu'effectivement, nous pouvons nous établir dans la vraie conscience ; laquelle, d'autre part, n'est pas affectée par quoi qu'il puisse se passer.

Pour vivre dans ce monde, l'esprit doit être débarrassé du "Je" selon quoi le monde apparaît d'une telle ou telle autre façon. Sans le "Je", l'esprit ne peut être affecté par le monde, puisque celui-ci n'existe que par rapport au

"Je". Sans le "Je" donc, il n'y a pas de monde. Alors il ne faut pas se compliquer les choses. En fait, la réalité est vraiment très simple. Nul besoin de chercher à droite ou à gauche. Aucun système de méditation ne peut apporter la vraie paix, ni la vraie lumière. La méditation centrée sur des objets ou délibérément provoquée n'agit que temporairement. Cela peut-être nécessaire pour, en quelque sorte, habituer l'esprit à être vigilant, mais il vient un temps où l'éveil doit se poursuivre à travers le quotidien et s'établir comme un état d'être. Alors nous pouvons pénétrer au cœur de notre conscience et y brûler les résidus karmiques.

L'esprit doit réaliser que le sujet et l'objet sont une seule et même chose. Si l'esprit se centre sur un objet quelconque, tel un système de méditation, il prend pour acquis l'existence du moi avec ses limitations et sa misère. L'esprit, pour s'éveiller, doit cesser de projeter son attention sur les objets extérieurs. A ce moment, il n'y a plus de sujet et donc, plus de misère. Cela est vraiment très simple. Car il faut bien le voir, seul est permanent le Soi. Le reste n'est qu'un jeu d'apparition et de disparition. Il en sera toujours ainsi des phénomènes et le moi en fait partie.

En méditant sur un objet connu ou abstrait, l'esprit détruit le sens d'unité et accorde une réalité à la dualité. Il faut méditer sur "l'ici et maintenant" et détourner la conscience des phénomènes extérieurs. L'esprit découvre alors que le moi n'est qu'une ombre issue de l'ignorance par rapport au mouvement de la pensée.

L'identification au corps comme à l'esprit crée le monde de la dualité et avec lui le besoin de se libérer. En fait, autant la misère que la libération même sont des illusions. Car seule existe le Soi. Mais puisque l'esprit s'est retrouvé alourdit par le sens du "Je", il lui faut retracer la source de ce qu'il est. En soi, il est bien de s'éveiller au fait que notre véritable identité se trouve dans "l'ici et maintenant".

Ce qui s'améliore avec le temps, est notre capacité de demeurer plus longtemps dans "l'ici et maintenant", jusqu'à ce que l'illusion du moi soit extirpée du cœur de l'être. Alors c'est pour l'esprit la libération certaine et finale dans le Soi. En cette libération il n'est plus question d'un "Je" conscient de cette liberté. C'est l'illusion même du "Je" qui s'annihile en face du rayonnement de la lumière du Soi. Il y a annihilation du moi, mais en même temps, il y a l'expression de la conscience universelle. Alors il ne faut pas croire que lorsque le "Je" n'est plus, il y ait négation de toute vie. Cette impression appartient à l'esprit encore identifié à la forme. La libération apporte l'émergence de la conscience universelle.

La dualité du sujet et de l'objet n'est pas un simple concept à comprendre. Ce n'est pas l'observateur qui comprend quelque chose d'extérieur à lui. C'est dans l'expérience directe de ce qui est, que l'esprit s'éveille à l'unité.

L'attention doit être portée sur l'observateur. De cette façon, l'objet observé se dissout et le silence est trouvé. L'observateur est la source du "Je". Pour arriver au "Je", il faut questionner l'observateur et oublier l'objet observé. Le but est de retracer le "Je". Une fois que cela est fait, l'illusion du "Je" se dissous face à ce qui seul demeure, indépendamment de l'observateur et de l'objet observé.

Lorsque notre attention se porte sur l'objet au lieu du sujet, nous nous dispersons dans le monde des formes et le moi acquière encore plus de poids. Pour retracer l'origine de nos actions, l'esprit doit cesser ses projections et se poser la question "qui suis-Je ?". Alors, nécessairement, l'esprit est face au moi. Maintenant, puisque le moi ne trouve plus de nourriture à sa subsistance, puisqu'il n'y a plus d'objet, l'esprit réalise la nature vide du moi. Cet éveil libère l'esprit de toute dualité. C'est l'émergence dans la réalité permanente du "Je suis". C'est un éveil qui attend tout esprit, puisqu'en lui naît et meurt tout ce qui existe. C'est le début et la fin de la création entière.

Chapitre XJV

L'esprit ne cesse de s'agiter, de se préoccuper d'une chose ou d'une autre, se faisant, il se disperse et invite la souffrance. Lorsque l'esprit remonte la source de ses pensées et demeure avec lui-même, sans mouvement, alors les autres pensées s'évanouissent par elles-mêmes. Cette pratique se poursuit aussi longtemps que l'un ait reconnu la réalité du Soi et se soit encré en Lui. Mais avant que l'esprit puisse s'établir de façon permanente en le Soi, plusieurs étapes sont à franchir.

L'état de la conscience peut être observé à travers trois niveaux. Le premier est l'état d'ignorance où l'esprit prend pour réel ses propres projections sur le monde et s'identifie, par le fait même, à ses pensées et au corps. Le second état survient lorsque l'esprit réalise son asservissement aux objets perçus et entreprend la recherche sur la nature du moi. Il parvient alors à expérimenter l'absence de pensée et donc du penseur, mais sa réalisation du Soi ne demeure pas encore stable. L'esprit se balance entre le monde des pensées et son centre. Les traces du passé, les tendances latentes ont encore une emprise sur sa perception du monde. Pour cet esprit, l'effort est nécessaire afin de laisser passer les pensées sans s'y identifier. Pour cet esprit donc, voir qu'il n'est ni ses pensées ni son corps est encore un travail ardu. Mais à force de se questionner et de remonter à la source de ses pensées et de demeurer avec la pensée centrale du moi, l'esprit émerge dans le "non-moi" et y reste aussi longtemps que ses tendances latentes se soient complètement épurées du champ de sa conscience. Parvenu à ce point, ce qui ne va pas sans un dévouement total de la part de l'esprit, la conscience vient s'emparer de lui et l'amène à voir des dimensions toujours plus extraordinaires. C'est pour l'esprit l'état du non-retour. Pour lui, c'est la fin du samsara. Mais dans la réalisation du Soi comme étant la seule réalité intérieure, l'esprit en tant que moi, n'est plus. Il y a cette émergence, cette fusion, ce fleurissement du Soi à travers l'esprit. C'est la renaissance de l'esprit dans la Divinité.

C'est lorsque l'esprit a atteint le "non-esprit" qu'il peut entrevoir l'état suivant lequel le Soi s'empare de lui. Désormais, seul demeure le Soi et la conscience une. Si l'esprit habite toujours un corps, cela ne fait pas de différence non plus. Cela est peut-être difficile à saisir, mais le fait demeure que c'est parce que nous nous identifions encore à notre mental et notre corps, que nous avons de la difficulté à réaliser que toutes formes sont illusoires et que seul existe le Soi. Mais pour le "non-esprit", cela n'est pas difficile, puisque le but, pour lui, est atteint. En fait, tout ce que l'esprit peut faire, est d'atteindre le "non-esprit" et cela se produit indirectement.

A force de retourner à la source du "Je de la pensée", l'esprit abandonne son identification avec ses pensées et les objets perçus. Lorsque la faculté du discernement est parfaitement développée et que l'esprit, effectivement, discerne sans arrêt le faux du vrai et le vrai en tant que vrai, alors il a atteint le "non-esprit". C'est le plus loin que l'esprit peut aller. Le reste, c'est le Soi qui s'en occupe. En attendant, l'esprit et le corps sont animés par un rayonnement qui le différencie du commun des mortels. Puisque pour lui toutes tendances latentes étant éliminées, la force vitale se meut en toute liberté à travers tous les différents corps subtils, laissant la place aux énergies supérieures de circuler à travers lui.

C'est dans les régions supérieures que la lumière éblouit de plus en plus. Et lorsque l'esprit est élevé à un niveau tel d'union avec le Soi, inévitablement, il transmet cette lumière à travers tout son être. Un tel personnage rayonne de tous côtés et même s'il est engagé dans des activités qu'elles qu'elles soient, la différence est qu'il n'y a pas d'identification ; donc tout se passe de façon spontanée, sans aucune notion d'aucun centre autours duquel toute action converge. Il n'y a plus d'auteur d'aucune action. L'action prend place naturellement et personne ne se trouve derrière pour en tirer quelque chose.

Pour atteindre le "non-esprit", donc, l'esprit doit persister à remonter à la source de toutes ses pensées de façon à demeurer conscient du sujet et par le fait même le transcender. Cela exige de l'effort aussi longtemps qu'il y aura des tendances latentes. Cependant, la capacité de prendre conscience du mouvement de la pensée est présente en tout instant, puisque cette capacité est offerte par la Grâce du Soi. Mais cette Grâce ne peut être perçue, tant que l'esprit ne fait pas d'effort pour remonter le cours de ses pensées et demeurer, face à face, avec le sujet de la pensée. Alors il lui est montré que le moi de la pensée est en essence vide et que la seule réalité qui demeure, est celle de sa véritable identité.

Si l'esprit peut demeurer en son cœur, c'est pour lui la tranquillité et le bonheur durable. Puisque telle est sa condition naturelle. L'esprit ne devient pas plus heureux. Le bonheur réside déjà en soi-même. Nous n'avons qu'à retourner chez soi pour le trouver toujours aussi resplendissant. Mais l'esprit se perd dans le monde des objets extérieurs et devient impur. Alors le moi se sépare du Soi et l'esprit maintenant se perd dans le monde des apparences. Lorsque, au contraire, l'esprit se détache du monde extérieur à travers la discrimination, il devient l'esprit pur. Son état d'union avec le Soi devient sa vision du Soi. Mais une fois que l'esprit est emporté par le Soi, il n'y a plus une telle distinction. Seul le Soi demeure. Il n'y a plus d'esprit conscient du Soi comme tel. Seul le Soi se reconnaît comme tel. C'est l'état d'être.

Pour se libérer des illusions du moi et de ses tendances latentes, il n'est pas nécessaire de réfléchir sur le pourquoi ou le comment que cela apparaît puis disparaît. Il suffit que l'on pose la question, "à qui cela arrive ?". Alors toute question se résous par le fait même. Demeurer dans le Soi est une expérience directe et ne peut pas être décrite.

On peut parler de cette expérience afin de donner des directions à l'esprit qui patauge encore dans ses projections, mais l'expérience elle-même, peut seulement être pénétrée et vécue de l'intérieur.

A force de retourner à la question "qui suis-Je ?", l'éveil de l'esprit va en grandissant. Alors toute pensée, toute moindre tendance est entrevue avant d'entraîner l'esprit et moins l'éveil exige de l'effort.

La réalisation permanente du Soi ne se produit que lorsque tout effort est parvenu à une fin. L'esprit peut seulement atteindre le non-effort. S'il peut se rendre jusque-là, c'est très bien. Il ne peut aller plus loin. Il a atteint son but.

La question qui "suis-Je" doit se poursuivre jusqu'à ce qu'il ne soit plus nécessaire de se la poser. Aussitôt que la question se pose, le moi disparaît par le fait même. Alors ce qui demeure est la connaissance du Soi. Ultimement, la recherche du Soi révèle la seule existence du Soi. L'enseignement se révèle être le Soi lui-même comme étant la seule réalité intérieure. L'esprit poursuit son interrogation "qui suis-Je ?" pour trouver que seul a toujours existé le Soi et que, par conséquent, l'un n'a jamais existé et ni le monde ni aucun univers. C'est l'exploit de la conscience. Cela ne s'explique pas.

L'esprit passe à travers une fausse identification après l'autre jusqu'à ce qu'il s'établisse définitivement dans la seule réalité du Soi. L'esprit n'a pas à se préoccuper du comment, ou de trouver de l'aide extérieure. Il n'a qu'à s'interroger sur la nature du penseur, pour réaliser que c'est dans l'inattention que la pensée acquière de l'importance et que l'un se trouve alors dirigé par elle. Mais l'esprit ne peut demeurer ignorant par rapport au fait de la seule existence du Soi. Il n'a qu'à interroger le penseur pour réaliser que sans pensée, le penseur n'a plus de nourriture et par conséquent, il ne peut pas survivre. Alors l'esprit se trouve en face de la seule présence qui en fait a seule demeurée pendant tout ce temps.

En vérité, l'esprit n'est pas perdu. L'esprit est toujours retrouvé puisque seul est permanent son identité véritable, qui est celle du Soi. Que l'esprit poursuive son interrogation et le Soi lui sera assurément révélé. Que l'esprit ne s'en fasse pas trop. Qu'il cesse d'insister sur la compréhension purement intellectuelle, laquelle ne peut le mener bien loin. Au contraire, le seul questionnement intellectuel nourrit la notion du moi séparé du monde. C'est une annihilation du sacré menant à encore plus de souffrance.

L'activité mentale à elle seule ne peut pas mener à plus de clarté, puisqu'elle présuppose la séparation avec le Soi. L'esprit se nourrit de l'identification avec ses projections mentales et l'idée qu'il est le corps. La remise en question du "Je de la pensée" au contraire, ramène l'esprit en face de l'irréalité de la séparation. La perception de cette irréalité dissous cette irréalité. Avec cette réalisation du Soi, le mental devient naturellement silencieux, car il n'y a plus de réponse à trouver.

Chapitre XV

Quels que soient les doutes ou les peurs qui surgissent dans le champ de la conscience, ils peuvent être facilement écartés si l'esprit se pose la question "à qui cela survient ?". Ne trouvant pas de réponse, l'esprit se retrouve nécessairement calme et détaché de ces turbulences. En cessant de leur accorder de l'attention, elles perdent de leur réalité. Ces préoccupations existent dans la séparation entre le sujet et l'objet ou dans la croyance qu'il y a un autre.

Toute préoccupation ou insécurité ou même ce qu'on appelle les blocages psychologiques n'existent qu'à la surface, mais n'ont pas de réalité à l'intérieur du Soi. Il faut se libérer de l'arrogance du moi qui veux nous faire croire que la réalisation du Soi n'est pas déjà au-dedans de nous en cet instant. Certains répliqueront qu'il est nécessaire de faire sortir ces blocages afin que l'esprit dispose d'une énergie plus harmonieuse pour réaliser la vraie conscience. Se disant qu'il est nécessaire de suivre des thérapies, qui d'ailleurs n'en finissent jamais, afin d'être plus près de la vraie identité.

La plus grande arrogance, est de se dire que nous ne puissions pas réaliser qui nous sommes. De cette façon, il est facile pour un tel esprit de se faire influencer par les autres et de se retrouver à enrichir les autorités qui ont soif de pouvoir et qui préfèrent vous faire croire que le Soi n'est pas déjà au cœur de l'être.

Il est curieux d'observer que nous sommes prêts à accorder beaucoup de temps et d'énergie ou de l'argent, lorsque l'on nous promet un but quelconque. Qui est-ce qui se préoccupe de buts et de récompenses sinon le moi ? Nous avons l'énergie à dépenser dans la promesse d'une récompense ou d'une soi-disant meilleure santé ou d'une plus grande clarté. Cependant, il semble que nous n'ayons pas l'énergie pour nous demander qui est l'entité se proposant de trouver un mieux être ou quoi que ce soit d'autre. Nous remarquerons que lorsqu'une telle question est posée, l'esprit devient silencieux. Pourquoi ne pas rester en cet état. Pourquoi ne pas demeurer comme nous sommes, puis-qu'étant déjà réalisés.

L'esprit, dû à son identification aux objets de la pensée et au corps, étant un voile sur la réalité de sa vraie identité immuable. Nous croyons que nous avons besoin de temps et d'espace pour nous rapprocher de cet éveil, mais qui a cette croyance et d'où vient-elle ? Encore une fois, l'esprit ne se pose pas la question puis-qu'identifié à la forme. Alors l'esprit passe d'une idée à une autre, d'une expérience à une autre, à la recherche de ce qu'il est. Pourquoi chercher à l'extérieur qui nous sommes, nous n'avons qu'à nous arrêter à ce que nous sommes dans le moment. De cette façon, si l'esprit n'attend plus de réponse ou ne manipule d'idées sur ce qu'il croit être, ou retourne dans les mémoires de ce qu'il était, il trouvera rapidement qu'il n'y a pas de moi différent de Cela qu'il cherche et qu'il est déjà.

Le Soi est la seule vraie identité. C'est l'universalité de la conscience Une et nous sommes Cela. Il n'y a ni de temps ni d'espace nous séparant de ce qui seul existe. Il n'y a que le voile de l'ignorance à soulever.

De l'illusion du moi nous cherchons à trouver les qualités du "non-moi". Cela est une impossibilité. Il faut cesser d'écouter les vestiges du mental, et ne pas s'appuyer sur aucun passé, ni se projeter dans le futur. De la même façon, l'esprit ne doit ni s'appuyer sur ce qu'en pense les autres. Alors, peut-être, dans ce silence, cette immobilité de la conscience, cet inconnu, l'esprit peut recevoir la Grâce.

L'esprit commence ses recherches par des suppositions sur ce qu'il croit être ou ne pas être. Ceci étant, il donne naissance au néant. C'est pourquoi il se trouve toujours à chercher quelque chose d'autre, toujours plus loin au-devant de lui. En fait, ni l'esprit, ni le but désiré n'ont réellement d'existence sinon que dans l'imagination. Ce que nous appelons les blocages, ne sont que les effets de la vie sur le plan de la manifestation.

Ce qui vient et va, est aussi ce qui a un haut et un bas. L'esprit n'a pas à s'arrêter aux détails de sa vie. Les difficultés vont toujours survenir, puisque rien est permanent au niveau des phénomènes. Le moi, au contraire, cherche la permanence, c'est pourquoi il se retrouve toujours contrarié et qu'il emmagasine ses blessures en arrière plan. Mais l'esprit n'a pas à s'identifier à la forme, puisqu'il n'est pas la forme. Nous n'avons ni à nous identifier au corps, ni à l'esprit. Pourquoi s'identifier à quelque chose de transitoire ?

S'il n'y a pas d'identification, comment l'esprit peut-il être blessé ? Ce n'est que par rapport à l'image qu'il se fait de lui-même qu'il se fait blesser. Pour l'esprit résidant dans le "Je suis", les événements ne le dérangent plus. N'étant pas affecté par rien d'extérieur, il n'y a plus rien à protéger. S'il n'y a rien qui vienne le troubler, il n'y a plus de réponse à trouver. Nous n'avons qu'à nous poser la question : "qui souffre ?" et le Soi est immédiatement révélé.

Ce ne sont pas les efforts que fait l'esprit qui peut le libérer, mais bien son silence. L'esprit doit constamment revenir à lui-même s'il ne veut pas se perdre dans le jeu du mental et des émotions. En portant son attention sur le "Je de la pensée", l'immanence du Soi se révèle. Cette réalisation ne prend pas de temps, ni d'effort. Mais avant que l'esprit soit bel et bien installé de façon permanente dans le Soi, il doit faire l'effort de toujours revenir à la source de son être.

D'autre part, si l'esprit cherche à nier son tumulte, celui-ci s'emparera davantage de lui. Si l'esprit accorde une réalité à ses troubles, il ne trouvera jamais de repos durable. Il pourra améliorer sa condition ou trouver un certain mieux être, mais cela ne pourra pas durer. Parce que, en premier lieux, l'esprit prend encore pour réelle l'idée qu'il se fait de lui-même et de sa vie. C'est le moi lui-même qui est à dissoudre et non simplement les problèmes qu'il engendre sans cesse. Alors au lieu de gaspiller notre énergie à essayer d'écarter un problème après l'autre, nous pouvons aller directement à la source de tout problème et réaliser que le moi lui-même est le seul problème.

Lorsque l'on questionne le "Je" de la pensée, nous réalisons que nous ne sommes pas ce moi. Alors il se détache instantanément de nous, de même que ses problèmes. Mais le moi est une illusion, comme sont ses problèmes. C'est ce qu'il faut comprendre au lieu de se préoccuper de chercher constamment des solutions.

Il faut sortir du rêve que nous sommes cet esprit et ce corps. Lorsque nous nous ramenons toujours à la question "qui suis-Je", nous nous réveillons du rêve. L'esprit émerge dans le Soi et retrouve son bonheur originel, sa liberté qui est sa condition naturelle.

Tant que notre attention se portera sur l'extérieur, nous serons dans le déni de ce que nous sommes réellement. Le monde prend naissance avec le "Je". Sans le "Je", il n'y a pas de monde. Lorsque l'esprit ne fait plus qu'un avec la réalité de ce qu'il est, son regard ne voit plus que le Soi.

Qu'il y ait la manifestation d'une grande lumière ou d'une obscurité, pour l'esprit uni à sa vraie identité, rien ne change au niveau extérieur ou au niveau des phénomènes. Toutes choses vont et viennent. Tout état de la conscience apparaît puis disparaît. Qu'il s'agisse des peines et des temps durs, ou du bonheur et des états d'exaltation de la conscience supérieure, tout ce qui apparaît doit aussi disparaître. La réalisation du Soi n'est pas un mouvement qui vient et qui va. Ce n'est pas quelque chose qui se trouve quelque part, puisque ne résidant nulle part et n'existant pas dans ce que l'on appelle le temps et l'espace. L'esprit doit se réveiller du rêve, sortir du cycle des naissances et des morts et se plonger dans l'unique existence, en dehors du temps et de l'espace.

En réalité, la seule personnification qui soit, est celle du "Je suis", c'est là toute la vérité. C'est le sens de toute existence, l'origine et la fin de tout univers, de toute création, de tout créateur et nous sommes Cela. Pour se retirer du monde de la misère et des recherches sans fin, l'esprit doit mourir au "Je de la pensée".

Le chemin est très simple. C'est être ce que nous-sommes et rien de plus, ni rien de moins. Lorsque l'esprit s'établit dans le Soi, il oublie le monde et son passé, comme celui du futur. Car en le Soi, il n'y a ni passé ni futur. Ces questions appartiennent au "Je de la pensée" ; de même qu'elles n'ont pas de place dans le Soi.

Le passé d'un individu n'existe que dans le "Je de la pensée" mais pas ailleurs. S'il n'y a pas de "Je", il n'y a pas de karma. Tout questionnement, toute recherche, prennent fin dans la réalisation du Soi.

Toute connaissance relative n'existe qu'en rapport avec le mental. Ces connaissances sur la vie et ces recherches humaines sont des manifestations inconscientes de la recherche du Soi. S'étant séparé du Soi dans l'identification aux objets et aux formes, l'esprit cherche désespérément sa réunion avec le Soi. Lorsque l'esprit s'interroge sur qui il est, en excluant toute autre pensée et en retournant à sa source, il parvient à trouver le Soi. Puisque seul le Soi est réel et permanent, il suffit de retourner à la source du "Je de la pensée", pour se stabiliser en cette seule identité du Soi.

Pour se libérer des incessantes pensées qui tressaillent l'esprit, tout en se stabilisant intérieurement, nous n'avons qu'à aller à la source du "Je suis". Alors il ne faut pas tant se préoccuper des événements tournant autours de notre existence puisque tout cela n'a pas d'autre raison d'être que de nous ramener à la source même du "Je suis". Seul le "Je suis" est réel.

Chapitre XVI

Il est curieux d'observer les êtres humains à la recherche de choses toujours nouvelles et extraordinaires lorsque, tout autour, seul le Un existe – lequel est toute chose !

La force illimitée est à la base de tout phénomène que nous voyons et constitue l'acte même de les voir. L'esprit ne devrait pas accorder toute son attention sur les choses de la vie qui vont et viennent sans arrêt. Il ne faudrait même pas s'arrêter sur l'acte même de voir, mais porter l'attention surtout sur ce qui, en nous, voit toutes ces choses.

Lorsque, effectivement, l'attention se tourne vers la source de ce qui, en nous, voit, notre esprit fait face à cet inconnu et réalise que c'est en cet inconnu que se trouve sa véritable identité. Non seulement peut-on la percevoir à l'intérieur, mais nous réalisons que c'est aussi à l'extérieur. En fait, dans la vraie identité, il n'y a ni intérieur, ni extérieur.

Lorsque nous demeurons avec ce qui voit en nous, on ne se pose plus de question sur le monde, puisque celui-ci est contenu en l'infini de Cela qui voit en nous. En fait, l'intérieur et l'extérieur ne font plus qu'Un en cette présence. Ni le monde, ni l'absence du monde ne fait l'objet d'un questionnement. Alors ni le moi, ni le "non-moi" n'effleure l'esprit. Seul Cela qui "est" demeure. Aucune description ne peut être accordée à Cela, sinon que toute chose, nous-mêmes compris, est Cela. Mais pour en arriver à cette réalisation du Soi, l'esprit doit sans cesse retourner à lui-même en se posant la question : "quel est le Sujet de la pensée ?".

Il est inutile d'essayer de contrôler les pensées. Par ailleurs, il peut être nécessaire, pour un temps, d'adhérer à des pratiques de méditation, afin d'apaiser le flot des pensées pour entrevoir l'inexistence du moi et de l'ignorance. Mais ce travail sur l'exclusion des pensées n'est qu'une étape. Car qui est l'entité se proposant de se concentrer et de laisser passer toute pensée afin d'expérimenter leur absence ? Tout effort doit mener au non-effort. C'est pourquoi lorsque nous remontons à la source du sujet de la pensée, il y a l'expérience directe de ce qui est. En cela nous réalisons que nous ne sommes ni les pensées ni le penseur auxquels sont attribuées les pensées. Cette réalisation est quelque chose d'immédiat et lorsque, effectivement, cela est révélé, il n'y a pas plus d'effort à faire pour devenir ce que nous sommes déjà.

Dans la réalisation de ce qu'on est, toute pratique, tout effort, toute séparation n'ont plus d'existence puisqu'il n'y a plus de sujet de la pensée. Alors plus rien n'existe comme extérieur à soi-même. La totalité du créé et du non-créé deviennent soi-même. Alors penser que l'univers existe indépendamment de soi est une ignorance. En ce sens, il n'y a pas d'univers. Mais puisque seul Cela existe, cet infini, ce Soi, toutes choses à l'infini y existent et nous sommes Cela.

En fait, la réalité réside seulement dans le "Je suis". Autrement, nous n'avons conscience que du mouvement sans cesse des formes et des couleurs. Par ailleurs, cette seule conscience relative n'existe pas vraiment. Comment savons-nous qu'une chose existe, sinon qu'en la comparant avec autre chose et qu'elle est cette autre chose avec laquelle nous comparons ? Pour être conscient de la présence d'une chose, l'esprit doit se limiter à l'identification avec une chose qu'il croit tangible et réelle. Alors le monde apparaît avec la venue du "Je". Donc, sans le "Je", il n'y a pas de monde !

Ce qui est extraordinaire est la réalisation que toute existence est en fait Une existence et l'esprit est aussi l'existence Une. C'est Cela le plus grand miracle ! La vastitude du Soi est au centre de notre cœur. Lorsque l'esprit médite, que son attention ne se fixe pas sur aucune direction ou objet quelconque, mais que cette attention se porte inébranlablement sur Cela qui regarde ou qui s'efforce de méditer. Alors il vient un temps où l'esprit s'établit, de façon permanente, dans cette réalisation. Dès lors, tout arrive spontanément et l'Un est simplement amené à faire ce qu'il doit faire et plus aucune question ne se pose.

Qu'il y ait l'action ou la non-action, cela n'altère en rien ce qui est. Mais lorsque l'esprit s'est établi en Cela, le Soi se charge de lui. De toute façon, même si nous vivons dans l'inconscience, les choses arrivent comme elles doivent arriver.

Chaque plan d'existence a sa place et ses propres lois. L'esprit n'y échappe pas. Même l'esprit supérieur appartient à des lois supérieures. Cependant, cela est l'expression de la volonté Divine, qui est elle-même qu'une qualité du Divin. Celui-ci ne peut être compris à travers aucun raisonnement. L'esprit supérieur entrevoit ses qualités par son intime rapprochement avec sa Grâce. L'esprit peut appréhender sa non-existence ou l'existence Une lorsque tourné à l'intérieur. Cela est le plus grand saut. À force de ramener l'attention sur l'origine du sujet, manifestement, le Soi se réalise et s'empare de l'esprit ; puisque seul le Soi est le véritable Sujet.

Quels que soient les mouvements de l'esprit, cela demeure à la surface de la conscience du Soi. Même si les mouvements s'affinent et se rapprochent toujours plus près de la pureté, tout mouvement ne sont pas le Soi. Même celui-ci existe dans tout mouvement, puisque tout est en lui. Il vient un temps où l'esprit voit qu'il "est", même s'il n'y a pas d'explication ou de définition possible à apporter.

L'esprit trouve la connaissance suprême dans la source du "Je suis". Désormais, l'esprit s'établit dans le Soi et rien d'autre ne peut l'amener à Le connaître ou Le réaliser comme étant toute chose – *Le Soi ne peut se révéler que par lui-même*. Ce n'est ni aucune analyse, ni aucune pratique qui peuvent amener à cette réalisation. C'est en résidant en le Soi et en restant fermement immobile en lui, que le Soi peut s'exprimer à travers l'esprit. De cette façon seule, l'esprit peut clairement exprimer que seul l'établissement dans le Soi révèle son unique réalité.

Toute discrimination entre le réel et l'irréel ne sont qu'un pas en avant pour nous permettre de nous établir dans le ""non-esprit"". Une fois installé dans le ""non-esprit"", il y a un temps indéfinissable à passer avant que toute trace du passé se soit lavée du champ de la conscience. Alors lorsque le temps est venu, le Soi vient chercher l'esprit en cet incommensurable séjour.

Ultimement l'esprit retourne en lui-même et y reste, jusqu'à ce que ni lui, ni le monde n'apparaît plus distinct du Soi. Alors l'esprit, le monde et le Soi sont une seule et même chose. L'esprit ne devient pas conscient de ce Soi. L'esprit émerge, se transforme et fusionne dans la réalisation du Soi. L'esprit ne se convainc pas d'être le Soi juste en se le répétant ou en comprenant la logique que toute chose font partie du Soi. L'esprit doit passer à travers l'expérience de l'irréalité de sa propre existence phénoménale. Alors, ce qui subsiste, est l'absence de toute pensée, même celle du Soi.

La tendance à toujours chercher à tout ramener à soi-même naît des tendances accumulées en l'esprit. La pensée, en elle-même, n'est pas un problème. Mais pouvoir remonter à la pensée centrale, au "Je de la pensée", est le défi, car c'est au niveau du "Je de la pensée", qu'il est question des tendances latentes.

Une fois que l'esprit ramène son attention à ce qui voit ou pense ou observe en lui, assurément il peut faire l'expérience du Soi. Mais cette expérience n'est pas le Soi. Dans la stabilisation de l'esprit à la source du sujet de la pensée, il y a l'espace, la liberté pour le Soi d'exprimer sa présence comme conscience pure.

L'esprit ne peut rester bien longtemps dans l'absence du sujet. Lorsqu'il redevient conscient de son individualité, il se souvient de l'expérience. Celle-ci n'est pas la réalisation du Soi. En fait, le Soi, comme tel, ne peut être expérimenté, réduit à l'expérience d'un expérimentateur. Le moi limité ne peut faire l'expérience de l'illimité. L'esprit peut remonter à la source du sujet et réalisé le vide de celui-ci. C'est aussi loin qu'il peut aller. À travers l'interrogation qui "suis-Je", l'esprit atteint le ""non-esprit"". Cela est déjà un exploit et la manifestation de la Grâce du Soi. L'éveil au Soi, sous entend la manifestation de la Grâce. L'un ne va pas sans l'autre.

Dans le "non-esprit", il y a le retrait face au monde de la manifestation. Non pas que l'esprit se retranche du monde, mais il y a la réalisation que ni le monde, ni l'esprit existe. L'esprit ne se retire pas pour poursuivre son rapprochement avec le Soi. Dans la réalisation du Soi, il n'y a plus de pensée pour l'esprit lui donnant l'impression d'être divisé du Soi. Lorsque la pratique de l'introversion du sujet de la pensée parvient à une fin, l'esprit demeure le serviteur du Soi à tout jamais. Ce qui est au-delà de toute conceptualisation. Alors il n'est plus question d'ascension ou de descente, de matière ou d'antimatière pour l'esprit. La conscience manifestée va son cours comme elle se doit en collaboration étroite avec le l'Auguste Principe. C'est la qualité de l'expression du pouvoir et de l'autorité incommensurable du Soi.

Il n'y a aucune inquiétude à s'ouvrir. L'esprit ne doit ni se préoccuper des affaires quotidiennes ni se troubler avec la question de réaliser le Soi. L'esprit qui s'identifie aux mouvements de ses pensées, ne sortira jamais des difficultés. C'est la première chose à comprendre. Nous devons résider dans l'intensité de l'état d'attention au moment présent de notre existence et réaliser que ni nos pensées, ni les événements, ni le sujet n'ont d'existence indépendante. Cette pratique de l'introversion du mental est le premier pas. L'esprit qui persiste sur cette voie, verra comment la vie se simplifie et comment ses pensées finissent de le tirailler d'un côté et de l'autre.

Il n'y a pas de contrôle à exercer sur l'esprit. Celui-ci n'est qu'un amalgame de pensées. Comment l'esprit qui n'est qu'un amas de pensées peut être contrôlé par une seule pensée ? Atteignons la source et toute misère prendra fin dans la réalisation de notre véritable nature. Si nous réalisons que le monde prend la forme de notre mental, alors il faut le mettre de côté. Si nous croyons que toute chose vient du Soi, alors il faut s'y abdiquer et lui laisser s'occuper des affaires du monde.

Chapitre XVII

Qui en nous se propose de comprendre la vie et qui cherche constamment des réponses à des questions purement intellectuelles en pensant résoudre les difficultés de la vie de cette façon ? Cependant, pour trouver la vérité concernant toutes ces questions, l'esprit qui cherche des réponses doit être compris en premier lieu. Si nous ignorons l'esprit de qui émane tous ces questionnements et recherches, il est évident que c'est l'esprit lui-même qui doit être compris et éclairci au lieu de perdre notre temps dans des discours théoriques, imaginatifs et d'une telle insignifiance.

Au lieu d'alimenter des pensées telles : "Je suis ignorant" ou "Je désire trouver la vérité", l'esprit devrait aller à la source de lui-même. Au lieu d'extérioriser son attention, il devrait l'intérioriser pour trouver, avant tout, son propre centre d'équilibre. À travers l'introversion du mental, l'esprit peut passer à travers l'expérience que seul ce qui demeure est le Soi. Cette expérience directe, ne se compare pas avec de simples arguments ou agitations verbales, mais va au-delà.

L'expérience de ce qui est révèle que plus aucune question ne se pose ni aucune difficulté dans ce que nous nommons la vie. Dans l'expérience du vide de la conscience, il n'y a plus de question. De la même façon, toute réponse que l'on peut trouver n'est plus important.

Le désir de connaître la vérité persiste jusqu'à ce que l'esprit ait résolu la question du "Je" et ait expérimenté le Soi. À partir de là, le désir de connaître la vérité n'a plus raison d'être. La vérité devient auto-évidente. La vérité est, comprenons le bien. Il ne s'agit pas simplement de trouver la vérité. Elle vient par surcroît lorsque l'esprit n'est plus voilé par le moi. Une fois l'esprit établit dans l'unité de la conscience, la vérité se révèle d'elle-même. Point besoin de la chercher ; elle est déjà présente au cœur même de notre être.

Seul l'esprit occupé par la pensée se trouve dans l'obscurité où la vérité lui est cachée. La vérité est au cœur même de la vie. À l'intérieur même de toute expérience qu'elle quelle soit. C'est le but essentiel de la création entière.

Lorsqu'au début l'esprit essai d'entrer à l'intérieur de lui-même, mais en ressort aussitôt, cela fait partie de la pratique, mais ne consiste pas en l'expérience du Soi comme telle. L'esprit apprend à laisser passer ses pensées sans s'y identifier. S'il persiste dans ses méditations, il peut atteindre au "non-esprit" et réaliser la nature transitoire de son mental. En maintenant l'absorption dans la vacuité, l'esprit fait un pas en avant pour réellement s'ouvrir à l'expérience du Soi. D'autre part, l'expérience dont il est question ici, est différente de l'expérience que le "Je" peut avoir à travers son monde de projections. L'expérience, dans le sens accordé ici, reflète l'absence du sujet.

Normalement, l'esprit est conscient de ses pensées et du monde extérieur et à travers les imprévus de la vie, il est amené à confronter son identité face aux provocations de l'existence. Alors l'esprit reconnaît en quoi ses connaissances sont applicables et où elles ne s'appliquent pas. À travers ces suites de provocations l'esprit garde en mémoire son expérience et poursuit son chemin.

Dans l'expérience du Soi, il n'y a plus de moi, donc il n'y a plus de reconnaissance qu'elle quelle soit et ni de mémoire. C'est cela l'expérience. L'esprit entre dans un univers où la vie n'est plus la même, où le temps et l'espace se fondent dans l'immobilité de la conscience Une.

Le Soi est le seul en lequel l'expérience prend toute sa valeur. En cette expérience, l'esprit est face à l'irréalité du sujet pensant et le laisse passer, comme une feuille emportée par le vent.

L'état d'être de la conscience Une, est en fait la seule expérience réelle. Tout ce qui n'amène pas l'esprit à sa vraie demeure, n'est qu'un jeu relatif de la pensée et de la forme. Mais lorsque l'esprit est tourné à l'intérieur, à travers la question "qui suis-Je", il se retrouve face à sa vraie identité qu'il ne reconnaît pas au début, mais qui, avec la constance, finit par envelopper l'esprit.

La connaissance pure réside en cette expérience et pas ailleurs. Elle ne peut pas être donnée à l'esprit discourant à propos de choses et d'autres. Quel que soit le degré de sophistication du mental, la connaissance pure ne peut pénétrer et couler à travers un tel esprit encore identifié à sa forme et au corps de sa personne et aux objets de sa pensée.

La connaissance pure révèle aussi l'état d'être auquel se réfère le Soi. Alors ce qui se transmet n'est pas un simple jeu de mots, ou de simples connaissances livresques, mais exprime la totalité de l'être transcendantal et réalisé dans l'unité du Soi. Cela qui est exprimé, cette connaissance pure, vient du dedans. En réalité, elle vient de notre propre cœur.

Le Maître qui exprime le Soi, ne fait qu'amener la personne au-dedans de son propre cœur pour réaliser, par elle-même, la vérité de l'être véritable. Alors la connaissance pure surgie d'une telle personne de la même façon. Le Maître extérieur n'existe que dans le but d'amener l'esprit au Maître intérieur. C'est parce que nous nous identifions à l'esprit et au corps, que le Soi s'exprime à travers le corps d'un Maître pour en retours nous amener en nous-mêmes et oublier qui nous ne sommes pas.

La connaissance pure est la qualité de l'être véritable habitant dans notre propre cœur. Il n'y a pas de comment pour accéder à cette connaissance pure. Le sujet de la pensée et la pensée elle-même doivent se fusionner. À ce moment, l'esprit est l'expérience de Cela.

La connaissance pure est déjà là. Il faut retourner au Un. Alors, manifestement, il y a l'expérience ou la réalisation du vrai. L'esprit ne peut n'y essayer de trouver la vérité, n'y essayer d'être ce qu'il croit être. C'est pourquoi il y a la souffrance et la nécessité du cycle des naissances et des morts. Lorsqu'il n'y a plus de sujet de la pensée, il n'y a plus de limite à la réalisation de Cela. En fait, nous ne pouvons qu'être Cela.

Que l'esprit prépare le terrain, qu'il d'auto-questionne afin de ne pas se compromettre et s'engager dans des poursuites qui alimentent ses tendances latentes. Il lui faut opérer au-dedans de lui une transformation totale. Au lieu de porter son attention sur les objets de la pensée et sur les formes, il doit résider à la source du sujet de la pensée. Une fois que cela est fait et que plus aucune tendance ne peut venir le divertir de son centre d'attention, c'est pour lui la possibilité de trouver la libération finale. Telle est le but de toute expérience où seule la conscience pure peut être transmise. Cette réalisation est sa libération par rapport au cycle des naissances et des morts sur le plan de la matérialité.

Puisque le passé prend fin, le futur aussi perd de sa signification. C'est le déracinement du karma. Le phénomène du temps et de l'espace font place à l'expression de l'esprit dans l'universalité de la conscience illimitée. La conscience du Un, permet à la vie de s'écouler pour l'éternité sous des formes infiniment variées.

L'esprit se fond dans l'unité de la conscience en expérimentant une libération perpétuelle. Son élévation, pour ainsi dire, met fin à la misère du monde. En mettant une fin à l'illusion de l'esprit, avec lui le monde se termine aussi. Il n'y a pas d'autre chemin que celui déjà dressé et qui ne demande qu'à être suivi.

L'esprit se complique l'existence en croyant en la séparation avec le monde. Puis-qu'identifié à sa personne et aux objets de ses pensées, le monde lui apparaît à travers des formes. Mais est-ce que le monde existe indépendamment de l'esprit ? Le monde n'existe qu'en esprit. Enlevons l'esprit et il n'y a plus de monde. Pour changer le monde, il faut transformer l'esprit. Alors ce qui émane de ce qui reste en nous, sur cette Terre, est l'expression de la réalité de la vie Une. Tel est le destiné de la Création.

Pour l'esprit réalisé, il n'y a ni l'existence de son propre esprit, ni celle de son corps et ni celle du monde. Seul est présent le Soi en lequel toute chose existe. Mais l'esprit réaliser ne s'arrête pas au détail, puisque ni la forme ni l'espace ni le temps n'ont de réalité tangible pour lui. C'est pourquoi nous disons que le monde n'existe qu'en esprit et pour changer le monde, l'esprit doit se changer lui-même. L'esprit doit apporter le changement qu'il veut voir en ce monde.

Au lieu de s'égarer dans des idées telles que le monde devrait être comme ceci ou comme cela, ou qu'il pourrait être amélioré de cette façon ou de telle autre, l'esprit devrait se poser la question qui "suis-Je". Qu'est-ce qui est égal au Tout-Puissant ? Croyons-nous que la vie ait été livrée à la dérive par le Tout-Puissant ? Seule en lui sont les raisons de l'apparition de ce monde et seul le Tout-Puissant peut opérer une transformation en ce monde.

Avant de vouloir nous occuper des affaires du monde, il faut faire le ménage dans notre propre demeure. Si nous pouvons éclaircir la question de qui nous sommes en définitive, les choses se placeront d'elles-mêmes. Nous portons notre attention sur les événements extérieurs parce que nous voulons éviter de nous sentir inutiles. C'est parce que nous alimentons des pensées telles "il faut changer le Monde", que nous nous sentons inutiles. Nous créons notre propre réalité et nous cherchons à l'éviter en nous imaginons quelque chose de plus satisfaisant pour soi-même.

Pour comprendre le monde, il faut se comprendre soi-même. C'est tout ce qui est nécessaire. Au moins commencer par cela. Pour sauver le monde, il faut se sauver soi-même. Qu'elle aide peut être apportée à quelqu'un qui ne voit pas si nous ne pouvons voir soi-même ?

L'esprit cherche toujours à s'occuper des choses à l'extérieur. S'identifiant aux objets de sa pensée et aux formes à l'extérieur, il cherche à consolider son identité en agissant extérieurement. Mais en vain. Le Monde est dans un tel chaos parce que l'esprit est, effectivement, identifié à la forme et puisque celle-ci est en mouvement incessant et se modifie incessamment selon les circonstances, il y aura toujours de la séparation et des antagonismes dans la vie des humains. C'est la conséquence d'une vie inconsciente. C'est cela la misère, ne pas se connaître soi-même et essayer de changer l'extérieur de notre vie. Pour transformer notre vie, l'esprit doit se transformer lui-même.

Chapitre XVIII

À travers la quête de la réalisation du Soi, l'esprit semble passer au travers plusieures étapes. Non pas que le Soi, puisse être un état qui s'acquière graduellement, mais l'aspirant doit passer à travers des stages d'épuration avant de pouvoir recevoir la Grâce suivant quoi la libération totale peut prendre place.

Un lac reflète très bien les étoiles le soir lorsqu'il n'y a aucun vent, aucun nuage et aucun mouvement sur l'eau. De la même façon, l'esprit, pour pouvoir refléter la présence du Soi, doit être épuré de ses tendances latentes.

Celles-ci se réduisent tranquillement mais sûrement dépendamment de l'effort que l'esprit met à remonter à la source de lui-même. D'autre part, la Grâce nous entoure toujours puis-qu'étant la nature même du Soi – lequel est omniprésent.

Il appartient à l'esprit de travailler sur lui-même, de s'épurer afin que la Grâce se manifeste de plus en plus abondamment à travers lui. Certains reflètent cette Grâce plus que d'autres et cela est inévitable puisque nous avons tous notre propre route à suivre et tous sont à des endroits différents dans leur cheminement. Mais l'océan de la vie demeure Un et la Grâce du Soi est aussi Une. Elle ne se divise pas en plus ou moins. Seul l'esprit fait en sorte de diminuer ou d'augmenter son rayonnement selon son degré d'épuration par rapport aux tendances latentes. Certains vont aller puiser de l'eau dans l'océan avec un petit sceau lorsque d'autres y vont avec de gros sceaux. En fait, la Grâce enveloppe tout esprit et c'est pour cela, d'ailleurs, que tout esprit sait, au fond de lui-même, qu'il a une route à suivre et que, effectivement, il est guidé et soutenu de quelque façon que ce soit dans sa vie. Alors, la question de recevoir la Grâce dépend de chacun. En réalité, la Grâce est là pour tout le monde mais peu de ce monde ont la capacité de la recevoir.

Au départ, l'aspirant semble attiré par les différentes pratiques de méditation, que ce soit à travers la concentration, la récitation de mantras, ou simplement dans le laisser aller de la pensée, en adoptant quelque posture que ce soit. Dans ces pratiques, l'esprit arrive à trouver le calme du mental, là où les innombrables pensées ne se bousculent plus les unes sur les autres. Cet état d'immobilité de l'esprit peut être prolongé aussi longtemps que l'esprit le désir. D'ailleurs, cela a été l'expérience de bien des yogis, où ces pratiques se sont tellement prolongées que l'esprit a fini par croire que telle était la libération ultime. Cela arrive encore et constitue, en quelque sorte, un danger sur la voie. Non pas un danger dans le sens où l'esprit est amené dans la direction opposée de la réalisation, mais bien dans le sens où il sombre dans une forme de mirage. Aussitôt que l'esprit revient à lui, les pensées reviennent aussi et l'esprit est à nouveaux en face d'un déferlement incontrôlable.

Ces états alternés et transitoires peuvent apporter le sens des directions à l'esprit encore lourdement asservi par le flot de ses pensées. Mais il est facile de chercher davantage à demeurer dans cet état d'immobilité de la pensée et de devenir dépendant de la pratique de méditation en question. L'esprit a beau réaliser le vide de la pensée et entrevoir l'existence du Soi, mais il demeure qu'il est facile de se retrouver dépendant de ces pratiques et de finir dans un monde qui, en soi, n'est pas plus réel que l'état dans lequel l'esprit se trouve lorsque sous le contrôle de ses pensées.

Pour ces aspirants, la tendance à s'identifier aux objets et aux formes est encore présente, de même que les tendances latentes. Ce problème semble plus ressurgir dans l'est du globe plutôt qu'à l'ouest. Par contre, ces problèmes que l'aspirant rencontre dans sa marche vers la réalisation sont semblables, que nous venions de l'est ou de l'ouest du continent.

La libération finale vient avec la fin de toutes tendances latentes – ce qui signifie la fin de l'identification avec le faux moi. Tant que l'esprit n'a pas épuré touts désirs et impressions qui auraient laissé leur trace dans la conscience, il ne peut trouver une réalisation complète du Soi. L'esprit vacillera encore entre des états d'éveil et d'identification avec la fausse identité. Cette oscillation de l'inconscience à la conscience peuvent, d'ailleurs, se poursuivent indéfiniment. L'esprit doit continuer sans arrêt son interrogation pour se maintenir dans l'éveil et appréhender les événements de la vie à partir de cet éveil s'il veut arriver, précisément, à la libération finale.

À force de pratiquer l'introversion du mental, rien ne peut empêcher l'esprit de se libérer des traces de l'inconscient. La Grâce du Tout-Puissant le supporte du début à la fin. Le plus souvent que l'esprit retourne à la source de ses pensées, le plus vite se trouvera la libération finale. Entre temps, la vision du Soi est accordée à quiconque se dévouant suffisamment à la pratique d'introversion du mental.

Il n'y a aucun moment où l'esprit ne peut pas entrer en contact avec le Soi. Il vient un temps où l'esprit se conserve dans le "non-esprit" sans l'aide d'aucune pratique qu'elle quelle soit. À ce moment il n'y a pas à fuir le monde pour favoriser l'éveil, bien au contraire. Après tout, il ne s'agit que d'être exactement là où nous devons être, ici et maintenant.

Il faut comprendre que la libération doit être trouvée dans le cœur même de la vie et de son mouvement sans cesse. Alors l'un peut faire ce qu'il veut, se retrouver n'importe où et rien ne pourra l'ébranler dans son éveil. L'esprit demeure profondément calme, même dans l'activité. Il réalise qu'il est soutenu. Il n'y a plus de préoccupation, plus d'anxiété, plus de doute. L'esprit réalise que rien ne lui appartient et tout est fait par quelque chose de plus haut que lui.

La pratique de l'introversion du mental, contrairement à toute pratique de concentration, implique que l'esprit soit entièrement éveillé et sans la moindre activité mentale qu'elle quelle soit qui pourrait enfreindre cet éveil. Cela est la différence entre un éveil qui vient de l'intérieur et un éveil produit par un agent extérieur.

Contrairement à la pleine réalisation, lorsque l'esprit nécessite des pratiques de méditation extérieures, il devient important pour lui de faire en sorte que ces sens, son corps et son propre mental soient écartés des influences extérieures. Car ceux-ci tendent à nous attacher au monde des formes et des manifestations. Alors, dans la réalisation momentanée du Soi, le contact avec le monde peut devenir un obstacle à la clarté de l'esprit.

Il peut être bon d'agir de façon à se tenir loin des influences extérieures de façon à ce que notre être formel, sensoriel soit apaisé pour faciliter la compréhension que nous ne sommes ni l'esprit, ni le corps suivant quoi nous pouvons devenir plus sensible à l'être intérieur non-manifesté.

Le problème est que le moyen devient plus important que la fin. Tel est le danger. Mais pour vue que l'esprit se ramène à l'essentiel et tout moyen aura vite fait de perdre de sa signification. Alors nous pouvons nous retrouver au beau milieu de l'activité et du tumulte sans pour autant en être affecté. Cela devient un signe de progrès. Si, au contraire, nous ne pouvons plus nous départir du moyen, cela indique que le moi a toujours son emprise sur notre vie.

Plus l'esprit retourne à la source du "Je de la pensée", moins il a besoin d'agir extérieurement, puisque comprenant que ni le corps, ni le mental ne sont des entraves au Soi. Le monde ne prend naissance qu'avec l'arrivée du moi, mais il n'a pas d'existence indépendante. Alors pourquoi s'en faire au sujet du monde qui n'est pas ailleurs que dans notre mental ?

Le Soi constitue la seule et unique identité. Que l'esprit s'apaise et reste éveillé ; alors il comprendra que toute chose vont leur cours comme il se doit. L'esprit doit s'en remettre à ce qui est plus Haut que lui. Si le monde est plus large que soi-même, pourquoi ne pas laisser le plus Haut que soi-même s'occuper du monde ? Que l'esprit s'apaise ; alors seulement pourra-t-il apporter cette paix autours de lui !

Dans la réalisation permanente, l'esprit entrevoit l'illusion des obstacles. Il comprend que tout obstacle n'existe qu'en esprit, que seul le "Je de la pensée" constitue l'obstacle. Alors l'esprit pleinement éveillé, peut demeurer en contact avec son corps et ses sens en fonctionnant dans le cœur des activités quotidiennes, mais en présence constante et irrévocable du Soi.

Le Soi est un état qui ne peut pas être vraiment décrit, puisque seul l'esprit qui a atteint la permanence de cette réalisation du Soi, peut réellement comprendre de quoi il est question. En fait, le Soi n'est pas un état puisque tout état ne peut se rapporter qu'à la conscience. Le Soi existe de façon antérieure à la conscience. C'est pourquoi qu'il est en fait un "non-état".

La description conceptuelle n'apporte qu'un sens de direction, laquelle ne peut être prise pour la réalité. Dans le Soi, les représentations conceptuelles n'ont plus de valeur. Le Soi se reconnaît par lui-même puisqu'il est. Dans cette réalisation, il n'est plus besoin de cadre ni de direction ni d'aide extérieure, puis-qu'étant parfait en lui-même. Il n'y a plus rien d'obscur qui nécessite quelqu'explication que ce soit. La conscience de la manifestation poursuit son cours tel qu'organisé par les hiérarchies spirituelles, exprimant la volonté du Tout-Puissant lui-même.

Pour s'établir de façon permanente dans la réalisation du Soi, l'esprit doit poursuivre son investigation "qui suis-Je ?". Cette investigation va se poursuivre jusqu'à ce qu'il n'y ait plus aucun doute concernant la véritable identité de l'esprit. D'autre part, tant qu'il y aura des tendances latentes, la réalisation du Soi ne sera pas constante. L'esprit va continuer à vaciller entre un état de réalisation du Soi et son identification avec le moi. Les tendances latentes sont précisément la raison pour laquelle nous ne pouvons pas rester fermement dans la présence du Soi de même que nous nous retrouvons sous l'emprise de ces tendances parce que nous ne restons pas sous la lumière du Soi !

L'existence du cycle des naissances et des morts évoque à elle seule un stage d'évolution de l'âme spirituelle. Les demeures de Dieu sont innombrables. Ce qui importe, malgré l'existence de la montée et descente des anges, ou de la réalité relative de la conscience manifestée, est de centrer l'attention sur le but ultime, qui est la réalisation du Soi – le Soi qui est, qui a été et qui sera toujours malgré le mouvement incessant de la vie à travers ses infinies manifestations.

Ce qui nécessite le temps et l'espace, est la préparation de l'esprit pour recevoir ce qui a toujours été en lui-même ! La réalisation du Soi comme telle n'est pas une question de temps puisque le Soi est déjà réalisé. Le temps et l'espace n'ont aucune réalité dans le Soi. Ce qui exprime la difficulté ou la facilité pour l'esprit à atteindre la réalisation du Soi, est déterminé par l'intensité de présence et d'attention de la part de l'esprit. La réalisation du Soi est toujours accessible. Seule l'idée nous encombre que nous existons séparément du Soi. La vérité est qu'il n'y a que le Soi et nous sommes Cela indépendamment des activités de l'esprit.

Chapitre XIX

Lorsque l'esprit, de l'intérieur, reconnaît l'autorité du Soi, il capitule et Le laisse diriger sa vie. Quoique le moi ne puisse pas exister en dehors du Soi, par ignorance de ce fait, il demeure rebelle et agit selon sa propre initiative et volonté. En fait, le moi n'agit ainsi que dans l'inconscience. Car autrement, il verrait que ses fondations sont basées sur des illusions, des idées qu'il croit tangibles et durables. Néanmoins, bien que le moi conserve l'esprit dans l'ignorance de son origine, il a quand même une fonction propre et nécessaire à l'intérieur d'un certain plan d'existence.

Le moi agit comme un chaînon entre la matière et l'esprit. S'il n'y avait pas de moi, l'esprit n'aurait pas l'occasion d'apprendre et d'élargir le sens de son individualité. Sans une incarnation dans la matière, cela ne serait pas possible. C'est dans la manifestation que l'expérience est possible, étant donné le niveau de conscience auquel l'esprit appartient.

L'esprit s'incarne dans la matière dans le but d'expérimenter la séparation pour fin d'élargir son sens d'existence individuelle. Si le moi était absent et que l'esprit demeurait dans son état purement éthérique, la matière serait inutile et l'esprit ne serait pas confronté à lui-même à travers le vas-et-viens des phénomènes pour justement subir sa transformation d'un mental singulier a un mental supra-mentale – un mental uni au Soi.

En étant dans un corps physique, il fallut à l'esprit un autre corps pouvant assumer la nécessité d'une préservation et d'une continuité de lui-même. Sans l'existence du moi, l'esprit ne connaîtrait pas le phénomène du désir, alors il n'y aurait pas de souffrance. Or celle-ci, effectivement, l'oblige à se questionner et à remettre en question autant ses actions que ses pensées. Il vient pourtant un temps où l'esprit réalise que le moi ne peut pas répondre aux questions essentielles telles "pourquoi vivre ?", "qui suis-Je ?". Réalisant ses limitations, l'esprit fini par se taire et à s'en remettre au Soi.

Une fois que l'esprit a bel et bien expérimenté et amené à plénitude son individualité, autant en tant qu'être terrestre que cosmique, c'est pour lui le besoin de s'unir entièrement au Soi.

Pour l'esprit habitant encore dans un plan physique, il doit réaliser les limites du moi et se libérer des tendances latentes résultant des actions et des pensées non complétées de ce moi, de même que des désirs, attachements et impressions enracinés dans sa conscience.

Le renoncement véritable est la disparition du moi à sa source, dans le cœur de l'être. Lorsque tout objet d'identification, de poursuite et de désir sont vus pour ce qu'ils sont ; c'est-à-dire de pures créations mentales qui ne durent point et qui ne signifient plus rien, alors l'esprit, tout naturellement, s'en remet à la vérité de l'être.

Se ne sont pas les activités extérieures d'une personne qui indiquent où se trouve l'esprit dans son détachement face au moi. Dans ce détachement, il n'y a plus de moi conscient de ce détachement. Ce qui demeure est un sentiment d'indifférence par rapport aux résultats des actions. Alors l'esprit ne se préoccupe plus de se gratifier dans ce qu'il fait, ni ne se préoccupe de ce qu'il peut advenir de lui. C'est en cela qu'est le vrai renoncement. Il n'y a pas de renoncement dans le but d'être reconnu comme tel.

Tout renoncement qui a lieu par rapport à une direction ou une autre a comme centre le moi. Le vrai renoncement est la réalisation qu'il n'y a, en fait, aucun mouvement, que le Soi existe en dehors du temps, mais consiste en une actualité du présent intemporel. Le vrai renoncement suit naturellement l'éveil de l'esprit !

Il ne faut pas s'imaginer que le renoncement soit une activité mentale à laquelle il suffirait de s'adonner pour réellement mener une vie spirituelle et être digne de recevoir la Grâce comme telle. Cela serait trop facile et mesquin. La Grâce ne descend pas sur l'esprit qui cherche à combler ses propres intérêts. On ne marchande pas avec la Grâce ; de même que l'esprit ne peut à la fois désirer la Grâce tout en ayant un agenda. Alors évidemment, rien ne se passe de miraculeux pour un tel esprit. Si la Grâce ne vient pas au-devant de l'esprit, alors il n'y a pas à se poser de question.

La réalisation du Soi est une vérité et non un mensonge. Il s'agit d'une ascension spirituelle et non d'une stagnation au niveau des limitations et exigences du moi. En réalité, ce qui amène l'esprit sur un chemin spirituel est l'action de la Grâce qui est l'expression du Soi résidant déjà à l'intérieur de nous. La possibilité d'une descente de la Grâce sur l'esprit, s'intensifie avec le "Je" en diminution.

Que l'esprit renonce aux exigences du moi en comprenant les futilités de telles exigences et qu'il réalise qu'il n'y a rien à acquérir ou à posséder ni à trouver à ce niveau, sinon qu'à demeurer silencieux et présent sans le murmure d'aucun mouvement. Alors, manifestement, lorsque l'esprit demeure présent dans ce silence, il n'y a plus de moi et donc plus de désir ni de direction. C'est pour l'esprit l'occasion de recevoir "autre chose" que tout ce dont le moi peut apporter de misère et de faux semblant.

La Grâce peut être accordée à l'esprit qui se présente avec un bol vide. Si ce bol est rempli, rien ne peut y être ajouté ; mais s'il est vide, alors seulement peut-il être rempli. D'autre part, dépassant cela, le bol lui-même n'existe plus face à la réalisation du Soi. Réaliser que ni le corps, ni le moi et ni l'esprit n'ont jamais existés, est la réalisation du Soi.

S'éveiller au fait que seul le Soi constitue la seule réalité, est le début et la fin de toute expérience. En cela, il n'y a aucun mouvement ni aucune stagnation. Il n'y a ni incarnation ni matière ni esprit. Le but est l'absence de but. La plénitude de l'être est le cœur de tout être, de toute existence. C'est cette véritable identité qui nous illumine de l'intérieur et qui se reflète sur l'esprit suivant quoi le moi prend naissance et cherche, à son tour, à l'extérieur cette même lumière. L'esprit doit se débarrasser de cette illusion et se résigner en son cœur. Alors la création trouve aussi sa plénitude comme expression unique à travers l'esprit.

En vérité, ni la matière ni l'esprit n'ont jamais été autre chose que cette plénitude. Toute la création n'est qu'un jeu de l'esprit. Seule la divinité incommensurable existe et nous sommes Cela. Le renoncement de l'esprit met fin à toute destinée en même temps qu'il la complète. C'est cela le paradoxe pour l'esprit. Mais pour l'esprit réalisé, cela est une simple vérité. Si, effectivement, l'esprit capitule, la destinée n'a plus de signification pour lui. Un pouvoir supérieur, au contraire, le rend encore plus libre.

C'est une liberté lumineuse qui le met au service de toute la création et son service est son amour. L'un ne devient pas inutile dans l'univers, mais au contraire, il devient des plus utiles et son action est la plus bénéfique soit-elle, puisque l'esprit devient alors une unique expression du Divin.

En fait le renoncement retire l'esprit de l'état d'inertie du monde pour le ramener au-dessus de ce monde et libre. Ce n'est pas la volonté de l'esprit qui fait que l'un fait ce qu'il est amené à faire en ce monde. Le renoncement active le travail à faire parce que l'esprit est maintenant uni au Tout, il trouve la juste et globale perspective sur la vie. La forme ne vient pas de l'esprit mais bien du Tout-Puissant ; comprenons-le bien. Alors il n'est pas nécessaire, pour l'esprit, de s'inquiéter à ce sujet et de s'imaginer devoir faire appel à sa propre volonté pour parfaire sa destinée. La résignation au Tout-Puissant est l'action la plus sûre ; car tout pouvoir vient de lui. Dès lors, l'esprit n'agit plus uniquement selon sa propre volonté ; au contraire, il l'a délaisse humblement ou la met de côté ; car l'esprit réalise que c'est l'Autorité Suprême qui peut seule agir à travers lui.

Quelle que soit la tâche que nous sommes amenés à assumer, quelle soit en rapport avec notre destinée sur la Terre, ou par rapport au Soi, l'esprit ne doit pas s'en faire. Mais s'il veut réellement mettre en pratique la volonté du Très Haut, qu'il renonce à lui-même. De cette seule façon le Soi peut opérer à travers lui. Après tout, seul l'esprit en paix peut recevoir la clarté et non l'esprit anxieux d'arriver quelque part.

Que l'esprit se calme et qu'il réalise qu'il n'est pas ce qu'il s'imagine être, ni le corps dans lequel il se trouve. Alors peut-être peut-il permettre à sa vraie identité de faire surface. Lorsque la vraie identité se présente, il n'y a plus de dualité entre l'esprit et l'action. La réalisation est en même temps l'action. C'est l'expression d'un pouvoir infini qui réside au-dedans de soi-même. Comment l'esprit peut-il comprendre cela ? Comment toute destinée peut-elle s'accomplir en un seul coup d'œil ? Comment la création entière peut-elle parvenir à sa plénitude ? Il n'y a pas de mystère là-dedans pour l'esprit réalisé ; puisque tout est compris dans le Soi. La réalisation de l'esprit est la réalisation de la création entière.

La renonciation véritable a rapport avec la fin de la fausse connaissance – l'ignorance du moi. Alors ce qui subsiste, est le Divin. L'esprit se débarrasse de toute dualité qu'elle quelle soit. En présumant notre existence comme étant la seule existence définissant qui nous sommes, nous donnons naissance à la dualité du temps et de l'espace, de même qu'à la séparation de la Création d'avec le Créateur.

Qu'il y ait renonciation ou non, la réalité est que l'esprit n'a jamais été séparé du Soi. Le renoncement s'effectue par rapport à l'illusion du moi et de l'esprit. Puisque rien d'autre que la perfection ait jamais existée, l'esprit ne fait que de se réveiller d'un rêve. Cet éveil est lié à la renonciation. Ce ne sont pas deux phénomènes – le renoncement de l'esprit et la réalisation du Soi au-dedans. Cependant, à travers la question "qui suis-Je", l'esprit appréhende l'existence du Soi et cela est la Grâce.

La réalisation du Soi devient le but principal de l'existence pour l'esprit dédié à cette cause, jusqu'à ce que lui et le Soi ne fasse plus qu'Un. L'esprit pressent de plus en plus la nécessité d'épurer la mare de sa conscience, de se libérer de toute influence et trace inconsciente, de tout attachement et désir profond. Alors l'esprit persiste à s'interroger jusqu'à ce que, réellement, le feu de l'éveil ait entièrement brûlé la fausse identité. Alors c'est pour l'esprit la fin du cycle des naissances et des morts et le repos permanent dans le Soi. Subséquemment, l'esprit se trouve en contrôle du temps et de l'espace et incidemment en position de co-créer avec la conscience universelle.

Chapitre XX

Lorsque le moi est questionné, sa véritable essence est révélée, qui est celle du vide. Le moi vient et va, naît et meurt. Le moi, étant donné sa nature changeante et imaginaire, engendre l'état d'antagoniste régnant dans le monde. Cependant, le moi n'existe pas vraiment.

Le trouble que le moi sème autours de lui, n'a rapport qu'avec lui-même. Non seulement le moi est responsable des difficultés, mais aussi du plaisir. La douleur et le plaisir sont les produits du moi, ce qui est aussi imaginaire. Ne remarquons-nous pas comment la douleur est liée au plaisir et qu'il n'y a pas de plaisir sans douleur ? Ce sont les deux faces d'une même pièce et celle-ci est le moi.

Lorsque l'on pratique la remise en question du moi, nous réalisons son illusion, sa fabrication par la pensée. Lorsque sa nature vide nous apparaît, en même temps le plaisir et la douleur manifestent leur essence vide aussi. Ce qui demeure, si l'esprit est entièrement attentif, sans mouvement, est le Soi qui ni ne va ni ne vient. Sa caractéristique est le silence et la paix et la complète liberté. La plénitude est en lui, laquelle est en dehors du temps, donc indépendante de la manifestation. L'esprit ne peut ni la poursuivre ni la nier ; puis-qu'omniprésente, c'est la qualité du Divin.

Le moi est non-existant, puisque sous interrogation, seul le véritable moi peut être trouvé. Le moi véritable est Un et indivisible. Lorsque l'on remonte à la source du "Je de la pensée", nous réalisons que nous ne sommes riens de ce que nous croyons être, et que, par conséquent, le plaisir et la douleur ne sont aussi que les ombres de l'esprit sans réalité inhérente. Alors ce que nous appelons le moi, est le joint entre l'esprit et la matière et lorsque nous disons "je désire ceci ou cela" c'est le moi qui, dans l'ignorance, nous fait penser et sentir de la sorte. Alors le moi est intimement lié au fonctionnement mental et des émotions. D'autre part, le moi lui-même n'est qu'un véhicule pour l'esprit ; un pont le reliant à la matière, pour fin de passer à travers l'expérience de l'individualité. Alors le moi est fait autant de l'esprit que de la matière et c'est à partir de lui que les impressions karmiques s'enregistrent et suivent l'esprit en tant que champ d'ondes et vibrations spécifiques. Le moi, en tant que tel, n'existe pas. Il n'est qu'un état directement lié au corps sur ce plan terrestre et agit comme intermédiaire entre le Soi et la conscience manifestée.

À travers le question "qui suis-Je", le moi révèle l'identité du Soi, de sorte que le moi est appelé, peu à peu, à s'effacer en délaissant son influence matérielle ou son champ gravitationnel pour être remplacé par une descente d'un plan mental supérieur et Divin.

Si l'esprit n'accorde pas d'attention à la présence du Soi, le moi prend contrôle sur lui de façon à devenir de plus en plus matériel, faisant croire à l'esprit que ce moi constitue son identité au détriment de la vraie identité du Soi. De là vient toute la misère du monde. L'esprit est alors sous l'impression qu'il n'est que le corps, avec ses pensées et ses émotions. Par ailleurs, l'idée de tuer le moi est aussi illusoire que de croire en lui, puisqu'il n'a pas d'existence indépendante. Il faut juste s'adonner à la pratique de l'introversion du mental pour réaliser comment éphémère est le moi et avec cette prise de conscience, le moi n'a plus de grippe et manifestement, tout ce qui lui est rattaché en tant que plaisir et douleur s'évanouissent par le fait même. Cela s'appelle : couper la racine du karma ! C'est la façon la plus sûre de se libérer des tendances latentes ; sinon la seule façon. Éventuellement, toutes pratiques spirituelles doit mener à cette seule question : "qui suis-je ?".

Le moi, par lui-même, ne peut pas se libérer de ses limitations. Qu'il passe à travers quelque pratique de méditation que ce soit, ou qu'il subisse quelque thérapie que ce soit ; il y aura toujours quelque chose d'autre à nettoyer. Il n'y a pas de fin sur ce chemin. Le moi doit cesser et cela ne s'effectue qu'à travers la pratique de l'introversion du mental à sa source.

C'est en se souvenant de ce qui est à se souvenir et en éloignant le superflu, qu'assurément, l'esprit pratique la vraie voie spirituelle. Plus il y a de pratique, plus l'esprit se libère et plus il trouve la force de persévérer dans cette pratique. Il n'y a pas de mystère là-dedans. C'est la voie directe et pure ; nous ne pouvons pas nous tromper là-dessus.

L'esprit, lui, est aussi une manifestation du Soi, mais à un niveau plus réel que le moi. L'esprit est une expression unique de l'âme universelle ; appelée à poursuivre les cycles d'évolutions spirituelles, jusqu'au retour à la parfaite unification avec la totalité. La Terre ne représente qu'une sphère évolutive attachée à un certain degré vibratoire, conforme au niveau évolutif de l'esprit. Il y a d'innombrables niveaux évolutifs dans la conscience. Le plan terrestre n'est pas le seul et loin d'être le plus évolué. Il représente la dimension égotique, descendante dont l'esprit doit assumer afin de chercher son retour à l'union ; ce qui, à ce moment, devient le mouvement ascendant de son évolution spirituelle. Mais cette évolution spirituelle n'est pas linéaire mais existe en parallèle et ne prend place qu'en raison d'une force supérieure de la conscience cosmique, laquelle possède et choisit les moyens d'inférer les changements nécessaires dans la destinée de l'esprit.

Le but de l'esprit est l'union avec sa vraie identité, qui est celle du Soi. Alors l'idée d'atteindre la perfection vient de l'illusion de l'imperfection. Mais cela n'existe qu'en esprit. Le moi n'est pas une chose réelle, de même que l'imperfection. L'idée de se libérer du moi vient de la croyance au moi. En ce sens, il n'est pas nécessaire d'essayer de se libérer du moi. La connaissance de l'origine du moi le fait disparaître.

La méditation sur la nature du moi, non seulement révèle-telle l'irréalité de celui-ci, mais amène aussi à comprendre que l'esprit aussi n'est pas le Soi mais une expression individuelle de la conscience universelle. C'est pourquoi, à travers ces écrits, la distinction entre l'esprit et le moi ne se distingue pas toujours. Car en comprenant l'origine de toute chose, nous trouvons la vraie identité qui surpasse toute manifestation. La compréhension intellectuelle seule d'une description des différents corps nous constituant, n'est pas plus nécessaire. La simple question "qui suis-Je", nous amène à la source de toute identité et c'est ce qui est important. En réalisant cette identité du Soi, le monde aussi prend l'identité du Soi.

Nous disions que le monde n'était pas séparé de l'esprit. Le monde est en fait une simple expression de l'esprit, mais l'esprit prend cette expression pour réelle. C'est pourquoi nous disons que le monde est une illusion. Si le monde est perçu comme relatif au Soi, alors il n'y a pas d'illusion à se faire. Cela qui est, émerge dans le Soi. En Lui, toute manifestation est réelle puisqu'étant à l'origine de toutes choses. Mais cela dépasse l'entendement humain. Comprendre la réalité du monde sous-entend la réalisation du Soi au-dedans de soi-même. Autrement, si l'esprit est encore identifié aux objets de la pensée et à la manifestation, le monde est une illusion qu'il prend pour la réalité. Alors le monde est illusoire quand perçu par l'entité séparée ; mais le monde est réel en tant que manifestation du Soi.

Le monde n'existe pas indépendamment du Soi. C'est là où réside la différence. Mais l'esprit ne peut pas, simplement, le comprendre mentalement. Il lui faut l'expérience du Soi sans laquelle tout est perçu comme existant indépendamment et sans lien avec ce Soi.

Lorsque nous ne voyons pas le Soi, notre vie se résume à un mouvement de va-et-vient entre les temps de douleur et les temps de plaisir. Comme si nous devenions les acteurs d'un film sans jamais nous rendre compte qu'il ne s'agit que d'un film. Ce qu'on y expérimente, est soit le plaisir, soit la douleur sans toutefois demeurer parfaitement conscient que ce ne sont que des impressions sur un écran vide.

Tant que l'esprit ne se maintiendra pas dans la source du "Je suis", il y aura l'illusion de la nécessité de réaliser les désirs du moi et par le fait même, d'inviter la douleur. Pour le moi le monde est réel puisque cette croyance le supporte dans ses désirs et ses douleurs.

Si le monde est perçu sans réalisation de ce qui est vrai – Cela qui est le Soi, alors il n'y a qu'illusion. Le Soi est la seule réalité. Sans cette réalisation, le monde n'est qu'illusion. Tout comme un écran vide sur lequel se projettent des images, le monde est ainsi fait.

L'esprit ne peut pas percevoir la réalité du monde autrement qu'à travers le Soi. En cette réalisation, l'esprit perçoit l'union de la matière avec l'esprit. Cela n'est pas un problème, de même qu'il comprend que toutes manifestations, à l'infini, peuvent exister en le Soi et existent, effectivement. Mais rien n'existe indépendamment de ce Soi et cela est claire.

Pour l'esprit non-réalisé, la manifestation apparaît comme constituant sa propre réalité indépendante et cela est certainement illusoire. Cette compréhension, cette connaissance s'éclaircit par elle-même à travers la réalisation de la nature de l'esprit. Une fois cette réalisation établie, rien ne subsiste sinon le Soi lui-même. Qu'il y ait tel ou tel autre monde, que celui-ci soit réel ou illusoire, qu'il y ait la conscience, l'esprit ou la matière, tous ces phénomènes apparaissent dans la conscience dualiste.

Une fois l'établissement de l'esprit dans le Soi, il n'y a plus de place à l'argumentation et à la discrimination. L'esprit ne cherche plus à savoir quoi que ce soit, ni à se préoccuper d'atteindre quoi que ce soit. Dans cette réalisation, tout sentiment d'existence individuelle n'a plus de place. Même la question de réalisation ou d'ignorance n'ont plus de sens. Seule demeure la seule existence, le Soi.

Rien n'existe sans le Soi, penser en l'existence du "Je" distinct du Soi, ou du monde séparé et indépendant de ce Soi, est certainement irréel, un rêve dans lequel l'esprit est en train de dormir. La perspective du monde se transforme totalement dans la réalisation du Soi. Si seul le Soi est réel et permanent, l'esprit ne s'arrête plus à la manifestation comme étant la seule réalité pour lui. Par conséquent, sa connaissance de lui-même et sa réalisation du Soi, le détache du monde en le libérant de l'illusion de la séparation. Le monde tel qu'il nous apparaît est aussi illusoire que ce que nous croyons être. En nous connaissant, en définitif, nous comprenons que le Monde n'est pas différent du Soi – que le monde est le Soi.

Chapitre XXI

Nous n'avons pas la pleine conscience du fait de l'existence Une, parce que nos facultés sensorielles nous font voir les choses comme existant de façon séparées. Nous sommes en face d'une pluralité d'objets et l'esprit n'a pas autre compréhension de la réalité qu'une compréhension relative. Comme chaque être humain occupe une place différente, la réalité est aussi perçue différemment.

Pour que l'esprit puisse être amené à percevoir la réalité Une, il doit, en premier lieu prendre conscience à quel point il s'identifie aux perceptions sensorielles, aux pensées, ainsi qu'aux émotions. C'est dans cette identification aux objets perçus que le "Je" s'édifie comme tel et devient le centre d'attention. C'est à ce niveau que la question de savoir qui nous sommes prend sa signification.

L'esprit n'est qu'un organe de perception et d'interprétation. L'esprit ne peut entrevoir que certains aspects de la réalité. Son rôle est de conceptualiser et de rendre formel tout ce qui entre dans son champ de perception. Mais l'esprit ne peut pas avoir la connaissance de ce qui transcende la forme. C'est pourquoi la vérité de notre vie nous échappe à tous et que nous passons notre vie d'une forme à l'autre sans jamais réaliser que nous vivons dans notre propre monde créé.

La vérité de la vie, est l'état du Soi. Pour comprendre cette vérité, l'esprit doit être détourné des objets et des formes perceptibles et demeurer immobile face au "Je". Nous réalisons alors que nous continuons à vivre en cet espace sans forme, mais nous n'essayons plus d'expliquer ou d'intellectualiser ou de rationaliser quoi que ce soit. Il n'est plus nécessaire de tout ramener au connu. Nous embrassons maintenant l'inconnu. L'esprit est simplement présent en face de la vie Une.

Puisqu'il n'y a plus de mots, donc plus d'existence séparée, l'esprit fait face à la conscience universelle où l'existence et la non-existence ne sont que des expressions de l'aspect créatif du Soi. Non pas que le Soi soit composé de différentes parties, mais tout existe à l'infini en ce Soi. Ce qui perçoit cela, n'est pas l'esprit, mais c'est l'éveil qui se révèle à sa source. C'est un acte de voir et d'être, telle est la vraie connaissance. Ce n'est pas connaître quelque chose, comme si l'esprit se tenait devant une chose et lui accordait une signification. Dans cette perception directe de ce qui est, il n'y a ni esprit ni objet perçu. Il n'y a que la perception directe. C'est la conscience éveillée se révélant à elle-même.

Pour s'unir à cette conscience Une, l'esprit doit réaliser que lui et toute action, toute pensée, de même que toute existence extérieure, ne sont que des expressions ayant leur origine à l'intérieur de la vie Une. C'est le Soi qui agit parfaitement à travers toute chose à l'aide de ses qualités divines et infinies.

Si l'esprit peut prendre un écart face aux représentations conceptuelles des choses, s'il peut oublier de projeter ses interprétations sur le monde et détourner son regard sur la relativité des choses, de même qu'oublier toute histoire, alors l'état du Soi peut le pénétrer et lui faire voir la seule lumière. Alors tout doute disparaît, tout besoin d'expliquer ou de trouver des réponses s'évanouissent. Nous réalisons parfaitement que toutes actions ne sont plus personnelles ; nous n'enregistrons plus les actions comme étant d'origine personnelle. Qu'il y ait le doute ou la destruction de tout doute, nous n'y prenons plus part. Le Divin seul s'en occupe. Nous ne disons plus "je comprends ceci ou je sais cela", mais nous laissons le Soi comprendre ou voir, ou percevoir à travers nous. Que nous soyons amenés à faire telle ou telle chose, c'est le Soi qui opère à travers nous. Dire "Je fais ceci ou je fais cela" est un mensonge. Car il n'y a pas de telle distinction entre le moi et l'infini. Seul l'infini agit à travers soi-même. C'est ce qu'il faut comprendre.

Pour trouver la vie Une, il faut réaliser qui nous sommes en se demandant "qui pose la question ?". Ce n'est que dans l'inconscience que nous prétendons agir selon notre propre volonté. Mais aussitôt que nous nous demandons "qui pense à travers nous ?", la conscience devient consciente d'elle-même. Celle-ci nous libère de la division et le doute se disperse, de même que la misère du "Je de la pensée".

Ce qui confère la beauté aux choses et aux êtres, est la qualité du Divin à l'intérieur. Si notre regard peut se porter sur le Divin, il ne peut plus y avoir de séparation. Alors nous éprouvons naturellement de l'amour pour tout ce qui existe. C'est cela l'amour, c'est l'expression du Soi regardant à travers nous et nous révélant l'unique réalité de notre véritable identité.

Un esprit réalisé renonce à lui-même et se met a genoux aux pieds de la vastitude du Soi. Il émerge en tant qu'unification avec le Tout et donc avec la création entière. Par conséquent, tout désir d'être ou de non-être, tombe de l'esprit comme des feuilles mortes. Tout besoin de paraître ou de disparaître, toute recherche de sagesse ou de lumière s'évanouit de la même façon. L'esprit reconnaît que ce qui se passe à travers lui est non de lui, mais attribue cela à l'esprit Divin seul. Ce qui émane de lui, alors, est le bonheur suprême et la paix la plus durable. C'est en cela que comporte la réalisation du Soi.

Nous ne cherchons pas la réalisation dans le but d'acquérir des vertus. De tel désir obscurcis l'esprit, le rendant encore sujet à s'identifier à ses quêtes et acquisitions. Pour réaliser la présence du Divin en soi-même, l'esprit doit laisser tomber toute attente, tout doute et poursuite et il doit renoncer au renoncement même. Ce qui demeure est la vérité de la conscience sans objet et pure. Nous sommes amenés à vivre comme nous devons vivre et ce qui se meut en nous, n'est plus simplement l'être personnel avec ses tourments, mais un état de félicité où seuls le calme et la douceur résident. Ce que nous sommes amenés à faire, n'importe que le Divin en nous. Alors il n'y a plus à se faire de préoccuper de ce que nous devrions faire dans notre vie. Celle-ci disparaît pour faire place à celle qui est impersonnelle.

C'est le "Je suis" qui, réellement, vit et expérimente à travers nous. Nous ne sommes riens d'autre qu'un outil de travail pour lui. Mais cela aussi n'est qu'une apparence, puisque seul est permanent et infiniment présent Cela qui est le Soi et c'est ce que nous sommes. Tout est bien comme c'est, il faut calmer notre esprit et laisser le Soi s'occuper de ce qui, pour lui, n'est pas grand-chose. La totalité de la création n'est qu'un simple jeu pour lui. Quand est-il donc de notre propre petite vie. Il ne faut pas sans faire, mais il faut remonter à la source du "Je suis". Alors, de façon immanquable, tout s'écroule ; nos peurs, nos recherches, notre prestige, nos ambitions. Ce qui demeure est cette vastitude, cet infini qui, dès lors, prend charge de notre vie. Alors il faut remonter à la source du "Je suis". Cela est la seule chose qui soit toujours possible de faire et qui demeure la seule chose à faire.

Pour se libérer du monde de la souffrance, il faut réaliser qu'elle n'existe pas ailleurs qu'en soi-même et que c'est à travers la question qui "suis-Je", qu'effectivement, la souffrance et l'illusion du monde s'éteignent. Pour être illuminé, il faut réaliser le Soi à l'intérieur. Il est inutile de chercher à l'extérieur la raison des choses. Tant que l'esprit est actif et conscient de ses désirs et représentations imagées de la réalité, il continue à voiler la vérité le concernant.

Le monde devient réel seulement lorsque l'esprit n'est plus. Alors seul ce qui est demeure. Alors il n'y a ni doute, ni plus aucun questionnement. L'idée même d'une réalisation ou d'une irréalité du monde n'existe qu'en rapport avec l'esprit. Sans l'esprit, il n'y a plus d'existence séparée. L'esprit demeure sans forme lors-qu'aucune idée ou représentation imagée n'est entretenue. Ne remarque-t'ont pas comment notre corps et notre esprit agissent simultanément ? De la même façon, l'énergie créatrice qui est inhérente à l'intelligence Suprême, agit à travers nous lorsque la personnalité du "Je de la pensée" est absente. L'esprit ne peut pas concevoir la façon avec laquelle le Divin agit en nous.

Étant un résultat de pensées et de sentiments accumulés sous forme de tendances latentes, l'esprit ne peut percevoir ce qui, précisément, transcende toute forme, tout espace et temps. Seul l'esprit du temps cherche à comprendre le monde, puisque s'isolant lui-même de la réalité du "Je suis". Sans réalisation de qui nous sommes, nous nous retrouvons dans l'illusion du moi et de ses efforts sans fin pour consolider sa réalité qui n'en est pas une.

Il y aura toujours le besoin d'acquérir, de devenir, d'expérimenter pour une telle entité prisonnière du temps. Étant limité, le moi cherche son expansion mais en vain. Telle est l'origine de la souffrance. Pour trouver l'espace et le repos et l'expansion véritable, il faut remonter à la source du "Je suis" et y demeurer. Alors naturellement et simplement il y a la réalisation de la plénitude de la vie qui seule a toujours existée et existera éternellement.

Chapitre XXII

La connaissance des plans de la création est relative et dépend de l'esprit lui-même. La nature de l'esprit est d'apporter le sens de la séparation et cela, à tous les niveaux. Ce qui veut dire que quel que soit le plan d'existence, du plus inférieur au plus supérieur, tous existent à partir de l'esprit. Tout objet observé dépend d'un observateur. S'il n'y a pas d'objet observé, où est l'observateur ? Existe-t-il une telle entité à quelque niveau que ce soit ? Où existent les différents plans d'existence, de même que ce principe d'évolution de la conscience et des sphères d'existence sinon qu'en esprit ? Mais y a-t-il une telle réalité de l'esprit sans objet ? Lorsque l'esprit apparaît, les sphères évolutives apparaissent aussi.

Le problème n'est pas de conclure quoi que ce soit sur la relativité des choses, tel qu'admettre pour réelles les diverses dimensions de l'esprit. Ce qui faut comprendre est que l'esprit n'est pas différent du Soi. Pour le Soi, qu'il y ait la matière ou l'antimatière cela ne fait pas de différence.

Si le Soi avait un début et une fin, se serait une chose à acquérir et à trouver, peut-être, au bout de l'évolution de l'esprit. Mais si cela était possible, alors le Soi serait une chose finie, ce qui est contraire à son essence, puis qu'infinie. Ce qui est infini, ne peut être limité par ce qui est fini. Alors là où il y a la différence, il y a l'esprit. Par contre, ce n'est pas parce qu'il y a l'esprit qu'il y a nécessairement la séparation. En fait il n'y a pas de séparation dans la totalité de l'univers entre le manifesté et non-manifesté. À l'intérieur même du Soi, il ne peut pas y avoir d'entités ou de plans divisibles et si ceux-ci existent, ce n'est que par rapport à l'esprit.

La transition du moi au "non-moi", n'existe pas à travers l'évolution d'un monde inférieur à un autre supérieur, mais à travers la pleine réalisation de l'illusion du moi ; lequel est responsable de tout état de séparation. Lorsque nous comprenons l'existence du moi, il n'y a plus d'expérience à poursuivre comme n'existant qu'à l'extérieur de soi. Alors qu'il y ait la réalité d'une évolution de la conscience ou d'une involution, ne change en rien la nature du "Je suis" qui, par ailleurs, demeure infinie. Quelle différence peut faire l'idée d'une évolution de l'esprit ou non par rapport à la réalisation du Soi ? Cela ne s'applique pas. La réalité est perçue au moment où il n'y a plus d'objet observé, ni d'observateur. Telle est la vraie nature de la réalisation.

Si l'esprit se pose des questions, c'est qu'il prend encore pour acquis l'existence indépendante et séparée de son moi. Mais dans la réalisation de ce qui est, il n'y a ni le moi, ni le "non-moi". Alors il faut être vigilant afin de ne pas sombrer dans la connaissance relative des choses. Ce qui demeure, est pris en main par le pouvoir créateur du Soi. Celui-ci demeure non-dualiste, totalement inclusif et parfait en lui-même. La difficulté, naît de ce que l'esprit fait une objectification de la réalité du Soi. Par conséquent, il se trouble à l'idée qu'en le Soi, le moi est inexistant et que le monde de la dualité, telle l'évolution de la conscience est aussi inexistante. Où est la confusion, sinon qu'en l'esprit lui-même !

Tant que celui-ci cherche à s'identifier à son existence ou à la non-existence, il prend pour acquis que l'évolution de la conscience est chose réelle. Mais ce qui lui échappe, est le fait du lien pouvant exister entre l'esprit et le Soi. Comment l'esprit pourrait-il comprendre la réalité lorsqu'il s'identifie à quelque chose d'irréel, telle la non-permanence de son moi ? Le fait demeure que l'un est le Soi en lequel il n'y a ni de division entre un observateur et son objet observé, ni entre le Soi et l'esprit lui-même.

La réponse que l'esprit se pose ne se trouve pas dans la conscience relative. Lorsque l'esprit interroge sa nature, naturellement, il retourne à la source où il n'y a plus de question, alors plus de connaissance relative ; celle-ci apparaît comme secondaire, sinon illusoire.

A supposé que l'esprit cherche à comprendre un de ses problèmes, est-ce que le problème existe indépendamment de lui ? Non, se sont deux facettes d'une seule et même chose et peut-il y exister un problème s'il n'y a pas d'esprit ? Alors le problème se révèle comme étant irréel, alors le besoin de le résoudre disparaît de la même façon que l'esprit. Cette réalisation est de la nature du Soi.

Parce que l'esprit regarde les choses en fonction du passé et du futur, il demeure limité et ses difficultés lui semblent réelles. Mais lorsque l'esprit interroge le sujet de la pensée, celui-ci révèle son inexistence ; de même que l'irréalité du passé comme du futur. Alors le passé, le présent et le futur n'existent pas ailleurs que dans l'esprit, de même que toute idée d'évolution ou d'involution. À quoi cela sert-il, sinon qu'à l'esprit lui-même ?

Lorsqu'il n'y a plus d'esprit, il n'y a ni de questionnement ni d'univers, ni de passé ou de futur et ni d'évolution. La vie est réelle jusqu'au moment où l'esprit se réveille. Lorsqu'il y a la réalisation, l'un comprend qu'il n'y a jamais eu de début ni de fin. Cela seul qui est en dehors du temps et de l'espace demeure. C'est le "Je suis parfait en lui-même".

L'évolution de la conscience donc, ne s'applique qu'à la réalité phénoménale de l'esprit et de l'illusion du moi. Si l'un est conscient de son ignorance, c'est qu'il garde en mémoire les expériences du passé et projette dans le futur ce qu'il devrait expérimenter. Or, s'il n'y avait pas de sujet, il n'y aurait pas non plus d'objet de la pensée. Le moi s'établit sur des bases inconscientes ; lesquelles sont les traces des désirs et des impressions non clarifiées. C'est pourquoi, d'ailleurs, dans nos rêves, nous passons à travers toutes sortes de tribulations et que nous les prenons pour réelles. Lorsque nous nous éveillons, nous prenons conscience de l'illusion du rêve parce que nous nous identifions aux choses de l'état éveillé. Mais ni le rêve dans l'état endormi, ni le rêve dans l'état éveillé ne sont réels. Où est la réalité du monde éveillé dans l'état de sommeil ? Que nous soyons dans l'un ou dans l'autre, les deux mondes sont irréels tant que l'esprit s'identifie aux objets de la pensée. Si l'esprit ne poursuivait aucune impression, aucun désir ni aucune pensée, en délaissant le poids du passé comme du futur, toute division cesserait. Dans la réalisation du Soi, l'esprit demeure détaché de toute forme, comme de toute direction. C'est à travers un tel esprit que la clarté peut survenir et c'est cela qui est important.

S'il n'y a ni sujet de la pensée, ni objet, qu'en est-il de la destinée et du libre arbitre ? Telle est la question que l'esprit se pose. Mais à qui s'applique le libre arbitre et la destinée sinon qu'à l'esprit encore identifié à la forme ? En fait, le libre arbitre est la nature du "Je suis".

Étant à l'origine libre, nous enlignons notre destinée d'une façon ou d'une autre selon la direction que prend notre pensée. Les bonnes pensées et les bonnes actions apportent des résultats bénéfiques, tandis que des mauvaises pensées ou des mauvaises actions entraînent de mauvais résultats. Tant que l'esprit est ignorant face à la réalité de ce qu'il est, il se retrouve dans la dualité du bien et du mal. Alors dépendamment de la façon avec laquelle il joue avec ces pôles, sa destinée penchera soit d'un côté soit de l'autre. Cela signifie que la destinée et le libre arbitre sont interdépendants. C'est l'effort que l'esprit fait pour entretenir de bonnes pensées ou à se laisser guider par de mauvaises, qui fait qu'il accumule du bon ou du mauvais karma. C'est de cette façon que sa destinée se trace devant lui. Tant que cela n'est pas éclairé, l'esprit demeure lié au phénomène du libre arbitre et de la destinée comme un chien attaché à sa niche.

L'esprit devrait s'efforcer d'exercer le libre arbitre de façon judicieuse, tant qu'il n'a pas réalisé la nature du "Je suis". La seule façon pour l'esprit de se libérer d'une destinée défavorable, est soit d'agir consciemment en fonction du bien d'autrui, soit de réaliser sa nature véritable à travers l'introspection. Par ailleurs, l'esprit ne choisit d'agir en bien que parce qu'il ne réalise pas encore sa vraie nature. L'esprit ne peut toujours essayer de faire le bien, car son identification avec la forme pensée le poussera, éventuellement, à rencontrer son opposé.

La seule libération qui puisse exister, vient avec l'introversion du mental. Inévitablement, les actions de l'esprit réalisé reflète sa nature désintéressée. Puisqu'il n'y a plus aucune identification, l'esprit est détaché et indépendant du résultat de ses actions. Alors celles-ci ne causent plus de karma. Il n'y a plus d'intérêt à se préoccuper d'aucune chose. Dans la réalisation du "Je suis", l'esprit est tout simplement immobile et absent. Toute destinée prenne fin dans la réalisation "Je suis" ; puisqu'il n'y a plus d'esprit suivant lequel la destinée s'applique, comme libre arbitre. Cependant, le corps et l'esprit passeront à travers ce qui est prédestiné à la minute près. Mais l'esprit dispose de la liberté de s'interroger et d'aller à la source du "Je suis", où il trouve le détachement par rapport aux événements de sa vie. C'est ce qui fait la différence et telle est, en fait, la nature du libre arbitre. Libre à l'esprit de s'identifier aux fruits de ses actions, ou de demeurer détaché, en tant que témoins de ses mêmes actions.

Ce qui lie l'esprit à ses actions est l'identification avec le moi. Tant que le moi prédomine, dans la vie d'un individu, aussi longtemps sera-t-il lié à ses actions et ses pensées qui, à leur tour, l'enchaîneront aux causes et effets de ces mêmes pensées. De même que l'un se verra dans l'obligation d'agir d'une certaine façon ou de penser d'une certaine façon. Et cela, évidemment, attire des circonstances prédéterminées.

Le poids des actions et pensées inconscientes attirent à elles seules de l'énergie négative ; puisque l'inconscience signifie égocentrisme. Au niveau de l'âme, ou bien l'esprit choisit de balancer cette énergie négative en faisant quelque chose de bien, ou, plus profondément, met un terme à l'emprise du moi sur sa vie ; ce qui est plutôt positif. Dans la plupart des cas, l'esprit choisit de faire des actions positives, simplement pour balancer le poids qu'il traîne dans sa conscience. Et puis l'esprit n'a pas toujours la capacité d'enrayer entièrement le résultat de son égocentrisme qu'il a nourrit pendant des siècles d'existence. C'est pourquoi, dans une vie, l'esprit décide de travailler que sur une partie de lui-même.

Le karma peut-être vu de trois façons. L'une concerne l'action du passé sur la vie présente et une autre concerne l'action que l'esprit choisit d'accomplir avant son incarnation et qui se limite à cette vie présente seule. L'autre manifestation du karma concerne le produit des actions présentes vers le futur. Mais entendons-nous bien, le karma n'existe que par rapport à la croyance en l'existence séparée du moi. Le karma est synonyme d'inconscience et non d'éveil à la nature du "Je suis". Dans le "Je suis" il n'y a pas de karma pour la simple raison qu'il n'y a plus d'identification au mental, ou à la notion d'une entité divisée ou au corps de même qu'à l'égard des actions. L'esprit s'en est remis au Soi et c'est celui-ci qui, maintenant, l'éclaire de sa lumière éternelle.

Que l'esprit soit appelé à vivre une vie périlleuse ou pas, cela ne pose plus de difficulté pour lui ; puisqu'en son centre, il est libéré. Il arrive que même si l'esprit ait réalisé sa vraie nature, les influences du passé ne pourront s'effacer qu'à travers un temps prédestiné. Mais cela ne cause quand même plus de problème pour l'esprit réalisé. Nous pouvons tout aussi bien marcher nu pied sur un chemin de gravelles et en sentir l'inconfort comme de mettre des souliers et marcher comme si de rien n'était. Telle est la nature de la méditation. Celle-ci libère assurément et vide l'esprit de son contenu. En fait, la plupart du temps, ce n'est pas nécessairement que le contenu de la conscience ait été effacé que de se retrouver à un endroit intérieur où justement, les traces du passé comme les influences du mental ne nous affectent plus. Nécessairement, tôt ou tard, toutes influences que ce soient du passé, finissent par s'éteindre de toute façon à l'intérieur du "Je suis" puisque inexistantes dans le "Je suis".

La question de balancer le karma ou même de s'en libérer n'appartient qu'à l'esprit encore identifié aux résultats de ses pensées et de ses actions. D'un autre côté, il faut comprendre que karma signifie "action". En d'autre mot, puisque nous avons créé ce karma, nous pouvons aussi changer notre approche face à ce même karma. Ce que nous avons créé peut être transformé ou vue à partir d'une perspective différente ou provenant d'un état de conscience plus subtile ou éclairé par la conscience supérieure et agir en fonction de celle-ci. À ce moment, le karma ne se conçoit plus comme quelque chose qui nous est imposé par une force extérieure. Cela est l'idée préconçue entourant le concept du karma. Mais puisque karma signifie "action", il s'agit plus d'une question de perspectives que l'esprit, dans son évolution, cherche à expérimenter ! Puisque seule le changement de perspective va permette à l'esprit de faciliter son changement intérieur afin de se rapprocher toujours plus près d'une prise de conscience globale. Alors c'est pour l'esprit l'occasion tant cherchée de demeurer dans le silence de sa nature infinie. Puisque l'esprit peut toujours changer sa perspective des choses, cela nécessairement indique que l'esprit est fondamentalement libre – telle est sa vraie nature.

La vie en ce monde veut nécessairement dire "action" et donc karma. La bonne perspective apporte la bonne action ; laquelle apporte un bon karma. Mais une mauvaise action n'amène pas nécessairement qu'à un mauvais karma ! Puisqu'il n'est question de perspective, l'esprit peut avoir cherché une expérience de façon justement à passer à une autre perspective pour simplement élargir son champ de compréhension.

Mais pour l'esprit éclairé, même si le karma continue autours de lui comme résultat de sa propre présence, ce même karma ne l'affecte pas. L'esprit éclairé demeure libre de tout karma puisqu'il réside maintenant dans la conscience non-différenciée du "Je suis".

Ce qui importe, quel que soit le karma que l'un porte sur ses épaules, est de réaliser que ni le sujet pensant, le moi, ni les objets de ses pensées n'ont jamais existés. Dans la réalisation du "Je suis", toute question est résolue. Pour régler la question du passé, du présent et du futur, il faut naître à nouveau dans la présence du "Je suis". Nous réveiller du sommeil de l'esprit et sincèrement proclamer cette juste affirmation : "Je suis".

Chapitre XXIII

La pratique de l'introversion du mental libère l'esprit des tendances latentes de façon à permettre l'esprit de s'établir dans le cœur de la vie et c'est la vie, en retours, qui prend en charge l'esprit, l'amenant dans une direction ou une autre, en accord toujours, avec les plans supérieurs et hiérarchiques de l'Auguste Principe. Alors l'esprit n'est plus celui qui décide d'agir comme bon lui semble, mais l'esprit est maintenant inspiré par la vie, laquelle dicte toute volonté de penser et d'agir.

Dans la réalisation permanente du "Je suis", loin d'être inactif, l'esprit est en fait des plus actifs ; puis-qu'étant silencieux et disposant d'un flot d'énergie infini. Être silencieux ne veut pas dire ne rien faire et être stagnant. Cela veut dire que l'énergie ne se disperse plus inutilement dans un monde irréel que l'esprit croyait réel mais qui, maintenant, peut être dirigée consciemment pour servir l'esprit au plus haut niveau – au niveau de créer et d'amener à la manifestation le plus grand idéal.

Lorsque l'esprit ne fait plus qu'un avec la Totalité, il devient cette Totalité. Son influence devient universelle au lieu d'être prisonnière du moi et de ses illusions. Même les facultés sensorielles deviennent plus aiguisées, puisque l'esprit est libre de percevoir le plus subtil du subtil tel la volonté divine.

Parce que l'esprit est libre, nulle impression ne s'enregistre dans sa conscience, puisqu'il n'y a plus d'identification avec le corps. Au contraire, l'esprit est beaucoup moins réceptif lorsqu'il s'identifie aux objets de la pensée et au corps. Juste au niveau du corps, les organes perceptifs deviennent bien moins actifs lorsque l'esprit est soumis à l'activité du moi avec ses habitudes de fonctionnement et ses habitudes invétérées.

Lorsque l'esprit est libre du passé, comme du futur, tout pouvoir lui est accordé, puisque toutes ses facultés sont pleinement ouvertes à la totalité de l'univers. Il devient comme un soleil, captant toutes les forces du cosmos et les redistribuent par le fait même étant donné son état de liberté. Alors tout continue à fonctionner mais dans un ordre parfait. C'est là toute la différence. Il n'y a plus de centre suivant lequel les facultés sont utilisées que dans des directions particulières. S'il n'y a pas de centre, en tant que moi, les facultés de l'esprit et du corps révèlent un potentiel infini.

Aussi longtemps que l'esprit s'identifie aux objets de la pensée, comme au corps, il cherchera à développer ses facultés et à élargir son champ de connaissances ; puisque faisant face à ses limitations. Mais lorsqu'il n'y a plus d'identification, il n'y a plus de limites non plus par rapport à la réceptivité face à tout ce que l'univers a à donner. Toutes facultés fonctionnent beaucoup plus efficacement lorsqu'elles ne sont pas limitées par le moi et ses illusions. Au contraire puisque l'esprit se branche sur la totalité de l'univers, ses facultés sensorielles s'élargissent par le fait même. De plus, la pensée se met à fonctionner lorsque nécessaire, mais avec une efficacité accrue et lorsqu'elle n'est plus nécessaire, elle demeure silencieuse, permettant à l'esprit de disposer du silence du Soi.

En réalité, toutes facultés fonctionnent toujours pleinement dans le Soi. En fait, seul dans le Soi, toutes facultés peuvent définitivement trouver leur plénitude et pas ailleurs. La raison est que toutes facultés doivent fonctionner en synergie les unes avec les autres et cela implique un fonctionnement intégral de notre être, englobant aussi tous les niveaux de notre être ; ce qui seul se trouve dans la réalisation et parfaite intégration du Soi.

Mais parce que le Soi est Un, toutes facultés fonctionnent en harmonie parfaite avec l'univers entier. En le Soi règne une paix suprême et en elle existe un pouvoir qui est à l'origine de toute activité. Puis-qu'émanant de la Totalité, tout est parfaitement organisé et dirigé par ce pouvoir incommensurable. En fait, que l'esprit soit réalisé ou pas, ce pouvoir est à l'origine de toute activité qu'elle quelle soit dans l'univers. La différence avec le cas d'un esprit réalisé, c'est que ce pouvoir infini se meut librement à travers lui, ou lui est disponible en tout temps, l'amenant à agir de la meilleure façon qui soit, dans le meilleur temps et au bon moment. C'est l'acte créatif s'exprimant de la façon la plus naturelle et la plus impeccable. Tandis qu'à travers le moi, le pouvoir infini est limité par le mouvement de cause à effet dans lequel l'esprit se trouve. C'est de cette façon que sa destinée devient liée à ses actions et ses pensées, qu'elles soient bonnes ou mauvaises. Mais pour l'esprit réalisé, la totalité du temps et de l'espace se résume en une réalité, qui est l'infini de la conscience une, en laquelle il n'y a plus de division, ni de début ni de fin. La destinée, comme le libre arbitre n'ont plus de signification à ce niveau. Seul l'acte créateur s'exprime librement à travers lui.

Même en face de la différence apparente des objets de la manifestation, pour l'esprit réalisé, il n'y a plus de division, seul le Soi lui est manifesté à travers toute créature ou forme. Il voit les différences non en tant que phénomènes indépendants et séparés, mais bien comme simples apparences ayant comme essence la même réalité – celle du Soi, qui n'est autre que sa propre réalité aussi. Percevoir la différence et admettre la séparation est une chose et voir la différence dans l'unité en est une autre. Pour l'esprit réalisé, malgré l'existence de la différence des phénomènes, seule demeure l'unité – cela qui est le réel.

L'esprit perçoit la différence comme tout le monde, mais demeure aussi conscient de l'unité derrière toute apparence. C'est ce qui le distingue du moi, qui, au contraire, accorde à la différence une réalité indépendante et tangible, séparée du reste de la création et surtout de lui-même. Pour l'esprit réalisé, la séparation n'est certainement pas une réalité tangible. Puisqu'en l'absence d'observateur, il n'y a plus d'objet. Seul les sens demeurent alertes et perçoivent les objets comme extérieurs au corps. Mais lorsqu'il n'y a plus de moi, il y a perception directe de l'unité derrière toute apparence. C'est d'ailleurs dû au fait de la réalisation de la totalité, que l'esprit réalisé n'a plus de préférence. Lorsque l'esprit émerge avec la Totalité, c'est maintenant de celle-ci que la vie est considérée. En il ne reste que cette totalité et la vie est cette totalité.

Quoi qu'il puisse se produire, quoi que l'esprit pense ou dise, quoi que l'un fasse, c'est l'unique réalité qui prédomine. L'esprit réalisé ne possède rien qui ne soit pas l'unique réalité elle-même. La différence n'existe juste qu'en esprit, dépendamment des prédispositions de l'esprit lui-même. Alors deux esprits réalisés ont certainement des qualités différentes, mais dans le cœur de leur être, il n'y a qu'un seul être, à ce niveau il n'y a pas de différence, la conscience demeure la même conscience qui est celle du Soi. Il ne reste que le Soi malgré les différents modes d'expression prenant place dans le Soi et dans l'esprit réalisé pareillement.

L'esprit réalisé ne perçoit plus le monde comme séparé de lui. Pourtant, quel que soit l'endroit où son regard se pose, il ne voit que le Soi ; puisque pour lui, seul le Soi demeure. Cela qui existe est le Soi. L'apparente division qui existe dans le monde, n'est qu'une projection de l'esprit identifié à la forme. Mais lorsqu'il n'y a plus d'identification, la différence se dissous aussi.

Seul au niveau de l'observateur la séparation existe. La différence n'existe qu'au niveau de l'apparence. Mais en essence, il n'y a que la conscience Une et c'est ce que l'esprit réalisé perçoit. Pour le Soi, il n'y a pas non plus de distinction entre l'esprit ignorant, inconscient et l'esprit réalisé. Alors il faut faire attention à ne pas, encore une fois, identifier l'esprit réalisé, comme ayant telle ou telle forme. L'esprit ne peut pas se figurer l'absence de forme. Ce qu'il voit, est quelque chose semblable au néant. Alors il s'imagine qu'un esprit réalisé doit être semblable à un fantôme ou ressembler à ceux qui ont renoncé au monde. Loin d'être une forme stagnante, l'esprit réalisé exprime la plénitude de sa propre individualité mieux que toute existence égotique, attachée à sa forme.

L'individualité atteint son plein développement non pas à travers les efforts du moi en ce sens, mais bien lorsque animée par le Soi. N'est-ce pas à partir du Soi que l'entière création prend son origine ? Alors d'elle seule est menée à plénitude toute manifestation. Seul l'esprit réalisé peut jouir d'une plénitude de l'être. Mais puisqu'il ne s'identifie plus à aucun sujet de la pensée ou à son propre corps, son essence demeure semblable au Soi. Non pas que l'esprit invite le Soi, mais le Soi s'établit en lui et se meut à travers lui, prenant en main tous les rennes de sa vie. L'esprit devient comme ces miroirs où se reflète la totalité de la vie dans sa plénitude.

Pour ce qui est d'un esprit réalisé, incarné dans le corps, par exemple, seul aux yeux de l'esprit identifié à la forme, l'autre apparaît comme engagé entièrement à son rôle. Mais pour l'esprit réalisé, même si l'un, en apparence est amené à s'occuper d'une famille et à travailler fort à l'extérieur, celui-ci demeure indépendant de toute activité quelle qu'elle soit. Ses activités extérieures ne l'empêchent pas du tout de faire Un avec l'entière liberté par rapport à la nécessité de l'action. Puisque l'esprit réalisé a atteint le but pour lequel les lois karmiques existent, l'esprit n'est plus soumis à elles. L'action de la manifestation poursuit son cours de quelque façon que ce soit, mais l'esprit n'est plus attaché à l'idée que les actions lui appartiennent, qu'en fait il en est le seul auteur. Pour l'esprit réalisé donc, toutes actions en ce monde prennent place par elles-mêmes.

L'esprit est conscient de la réalité du processus de cause à effet et agit en conséquence et aussi parce qu'il en connaît l'origine et le but. C'est d'ailleurs pour cette raison, qu'il adopte ces actions en conséquence, afin de supporter le but même de la création. Étant parfaitement conscient de cette réalité, il demeure un simple spectateur de ses propres activités, de sorte qu'il ne se perd pas en elles. Étant donné la nature libre de l'esprit réalisé, quelles que soient ces actions, elles ne laissent plus de trace dans sa conscience, abolissant, de ce fait, toute nécessité du futur.

Même si, en apparence, l'esprit réalisé habite un corps pouvant connaître la douleur et la maladie, de même que la mort, comme tout autre être vivant, cela ne veut pas dire que pour lui il y ait le sens de la douleur ou de la maladie ou de la mort. S'il n'y a plus de sujet, l'esprit demeure détaché de ce qui survient au corps. Pour l'esprit réalisé, que le corps disparaisse d'une façon ou d'une autre, ne fait pas de différence ; puisque seul est réel et permanent le Soi, lequel transcende toute manifestation. Alors toute apparition, ou disparition est sans signification pour l'esprit réalisé. Dans la pleine réalisation, l'esprit n'épouse plus aucun concept sur quoi que ce soit ni ne se soucie de quelque direction que ce soit sinon que de demeurer ferme et stable dans la vraie identité du Soi.

Chapitre XXIV

Une fois que l'esprit s'est établit dans le Soi, l'esprit est parvenu au sommet du perfectionnement de la création ou de la conscience manifestée. L'esprit ne se perçoit plus comme entité divisée du reste du monde puisque ne faisant plus qu'Un avec le Soi. Il n'est plus question d'aller au-delà de la conscience mortelle ou de se libérer de quoi que ce soit, de même que l'idée d'évolution ou d'expansion de la conscience ne signifie plus rien.

Toute chose naît de la conscience et retourne à la conscience. Lorsque nous remontons le flot de nos pensées, nous parvenons au moi avec ses attachements, ses peurs, ses insécurités, ses doutes, ses idées qu'il se fait de lui-même et sur le monde extérieur. Toutes ces caractéristiques tournent autours du moi et celles-ci sont entretenues par la pensée, lesquelles agissent sur les émotions. À ce moment notre expérience de la vie devient le miroir de ce qui se passe à l'intérieur.

Tant que le plan mental et émotionnel seront à la base de notre vie, le moi en sera nécessairement le centre. Alors pour remonter au centre de toute pensée, comme de toute émotion, il faut cesser d'accorder notre attention sur les objets extérieurs de perception mentale de façon à amener l'esprit à sa source ; laquelle demeure libre de toute expérience subjective nous emprisonnant dans le plan égotique.

Au lieu de diriger l'attention sur l'extérieur, créant ainsi le monde des formes et des objets, nous devons intérioriser cette même attention et résider à la source du "Je de la pensée". Alors immanquablement, si l'esprit persiste dans la non-identification avec les objets de la pensée et des émotions qui les suivent, l'esprit s'absorbe en lui-même et réalise la nature du Soi qui n'est autre que lui-même. Puisque le Soi est l'unique réalité derrière tout ce qui existe, nécessairement, pour trouver le sens de notre vie, il faut réaliser le Soi au-dedans.

Toutes manifestations, de l'atome à l'esprit et aux univers multidimensionnels et parallèles, n'expriment que la qualité de potentialité infinie du Soi. Rien n'existe indépendamment du Soi. Tous phénomènes existentiels connus et inconnus vont et viennent en le Soi, de même que notre esprit, comme celui de toute hiérarchie spirituelle et de toute dimension à l'intérieur de l'entière échelle cosmique.

Puisque tout phénomène apparaît et disparaît en le Soi, rien ne constitue de réalité tangible. Alors cela signifie que ce n'est pas nécessaire pour l'esprit d'être à la recherche du pourquoi des phénomènes afin, comme il le pense, d'évoluer à travers les cycles évolutifs. Puisque tout est une émanation du Soi, tout est parfaitement organisé en lui. Alors quoi qu'il arrive, arrive de la meilleure façon qui soit et de la seule façon. La dite évolution de l'esprit est aussi prise en charge à l'intérieur du pouvoir immanent du Soi. Précisément, le meilleur moyen de suivre cette évolution, est de se résigner à ce pouvoir incommensurable. Alors, assurément, l'esprit est amené là où le Tout Puissant lui réserve sa place, à quelque niveau que ce soit.

Le Tout Puissant seul est au courant de la place que doit occuper toute chose, comme tout esprit. Étant omniprésent, sa création est aussi prédestinée. De même, toute activité de notre vie est organisée de la façon qu'elle doit être organisée. Si nous devons passer à travers certaines expériences, nous allons passer à travers ces expériences assurément, que nous le voulions ou non. Bien sûre certains vont rétorquer que nous avons le libre arbitre. Nous avons la liberté de choisir la façon avec laquelle nous allons appréhender l'expérience. Mais celle-ci, en tant que telle, est prédestinée.

Nous choisissons par rapport à l'identification avec notre esprit et le corps à travers les idées que l'on se fait des choses. Les idées vont et viennent et l'esprit s'identifie à elles, croyant trouver sa liberté en cela. Mais les idées, les pensées ne sont que des phénomènes extérieurs sujet à se transformer selon les circonstances. Alors où est la liberté en cela ? Ce n'est qu'une illusion de formes. Il n'y a pas de liberté pour le moi. Celui-ci se croit indépendant et libre de vivre comme il le veut, mais le fait que le moi ne trouve jamais de permanence, indique que sa réalité n'en est pas une.

Les pensées du moi ne sont que des divertissements ; des formes que la conscience universelle a créées dans le but d'éprouver l'esprit, de façon à ce qu'il comprenne par lui-même que la seule liberté dont il dispose, est de retourner à la source. En réalité, le libre arbitre fait partie de la façon que l'esprit a été constitué pour s'incarner sur le plan terrestre afin de passer à travers l'expérience d'une individualité égotique, identifiée au corps physique tendant à la séparation pour finalement forcer l'esprit, indirectement, à chercher à s'éveiller à une individualité, maintenant en esprit, connectée et unie à la source.

Croire que nous ne sommes pas le Soi, mais plutôt le moi divisé, est l'ironie de notre vie. Au contraire, culminer dans l'union d'une individualité avec la source est le but et le perfectionnement d'une telle individualité. Par ailleurs, il n'y a pas autre liberté que celle de réaliser qu'au centre même de cette individualité réside de façon absolue un Principe d'union totale de la création.

Il n'y a pas autre liberté que celle du Soi. La tendance que l'on a à nous identifier au moi et à croire que ses activités nous amènent à la liberté n'a d'autre conséquence que de nous rendre encore plus prisonniers d'habitudes qui, bien au contraire, nous asservissent. Tant que nous serons menés par les tendances inconscientes, nous serons des prisonniers et obligés de parcourir le champ des expériences qui n'ont pas de fin ; sinon de nous faire suffisamment souffrir pour que nous en venions à nous questionner sur la nature de notre esprit. Telle est la nature de l'expérience.

Puisque nous ne sommes pas directement connectés à la source de notre être, nous invitons à nous des circonstances qui, indirectement, sont pour nous des leçons ; dans le sens que ces circonstances reflètent ces blocages intérieurs qui nous empêchent, précisément, de faire Un avec la source de notre être.

Nous passons d'une leçon à une autre sans jamais en voir la fin. Mais à force des choses, nous apprenons sur la nature de nos actions et de nos façons de penser qui entraînent à elles seules des situations reflétant l'état réel de notre esprit dû à l'identification avec le moi. Les activités du moi nécessitent l'expérience pour nous enseigner sur les conséquences de notre façon de penser et d'agir. Et nous nous croyons libres !

Le chemin de la vie est déjà prescrit et il n'y a qu'un chemin : c'est la nécessité de reconnaître l'esprit de totalité qui seul peut nous rendre véritablement libres. Sans ce retour à la source de notre être, nous serons les proies du désir qui nous ferons toujours souffrir. Aucun objet de l'esprit ne peut nous rendre parfaitement libres, puisqu'ils sont éphémères. Au contraire, si notre liberté dépend de quelque chose de transitoire, cela veut dire qu'il faudra constamment changer d'objets de désir. Mais il n'y a pas de fin en cela ; d'où la nécessité de réaliser le Soi. Telle est la raison fondamentale pour laquelle nous devons nous attarder à la réalisation du Soi. Car seul dans ce qui est éternel réside le bien être permanent.

Tant que le bien être de l'esprit dépendra d'objets extérieurs, il y aura la peur et l'appréhension et l'esprit ne peut pas être parfaitement tranquille. C'est pourquoi nous expérimentons la peur et les incertitudes ; car les objets de désir peuvent, à n'importe quel moment, nous être enlevés. Le vrai bonheur n'est pas de ce monde, comprenons le bien. La peur est l'ombre du moi et la souffrance constitue ses racines. Tant que l'esprit sera soumis au moi avec ses désirs invétérés, il y aura nécessairement de la souffrance et voilà pourquoi ce monde est dans un tel chaos.

Le monde repose sur les activités du moi et à moins que l'esprit intériorise son attention, il n'y aura jamais de paix véritable et permanente dans le monde. Pour vivre dans le réel, il faut remonter à la source du moi afin de trouver le silence de notre esprit. Alors seulement, nous pouvons vivre dans le monde sans en être affecté. Bien au contraire, seul l'esprit véritablement paisible peut parler de paix et peut, effectivement, la démontrer dans sa façon d'être à l'égard des autres et à travers les circonstances de la vie en général. La voie est pourtant des plus simples ; il n'y a qu'à intérioriser l'attention du mental pour nous rendre parfaitement compte d'une paix inébranlable intérieure que les contingences ne peuvent altérer. C'est cela la Grâce et elle est là pour tout le monde. Telle est l'expression du don Divin.

Du Soi naquit la conscience universelle et non-manifeste d'une part et d'autre part, le monde manifesté, inhérents au potentiel infini et absolu du Soi. La matière se développa au point où l'esprit trouva l'occasion "d'intelligenter" la matière. C'est ainsi qu'un lien fût établit entre l'esprit et la matière afin d'embrasser le monde manifesté avec le monde non-manifesté. Deux mondes en apparence opposée mais qui se soutiennent pour constituer le noyau de la création entière.

L'esprit en nous va son chemin, quoi qu'il en soit de nos questionnements et recherches. Ces derniers sont les expressions du niveau de conscience dans lequel l'esprit se trouve. L'esprit n'évolue pas simplement à travers ses questionnements, mais à travers l'expérience trouvée à l'intérieur des divers niveaux de conscience, lesquels l'amènent toujours plus haut, jusqu'à ce qu'il soit susceptible de percevoir sa vraie nature et à délaisser son identification avec le monde manifesté.

Les mondes de la création existent à l'infini pour l'esprit et existent nulle part ailleurs qu'en esprit. Lorsque celui-ci remonte à la source du "Je suis", ces mondes aussi s'effacent ; pour laisser place à la seule réalité permanente du Soi.

Les questionnements sur l'organisation systématique des univers et des répétitions créatrices d'archétypes universels, demeurent liés à l'existence seule de l'âme en évolution. Mais en soi, la réalité de ce que nous sommes, demeure la réalité seule du Soi.

Penser que l'univers soit organisé d'une telle ou telle autre façon, est lié à l'identification de l'esprit à son rôle, où à son niveau d'élévation spirituelle. Tant que l'esprit ne reconnaîtra pas son essence, comme étant la seule réalité intrinsèque de ce qu'il est, l'univers lui apparaîtra réel, avec toutes ces hiérarchies, ces domaines toujours plus resplendissants

Lorsque l'esprit réalise pleinement la nature du "Je suis", après avoir parcouru et abolit toutes traces du passé, alors c'est pour lui la libération finale par rapport à tous cycles d'existence sur ce plan physique. La manifestation peut poursuivre son cours, cela ne trouble pas la réalité du "Je suis". En celui-ci tout existe. Nous réalisons la présence du Soi au-dedans de nous, pour nous ouvrir au fait que la création entière est la manifestation de notre propre essence.

Nous entrons en nous-mêmes pour trouver l'immuable et parfaite présence du "Je suis". Alors nous procédons en retournant au centre de toutes pensées, jusqu'à ce qu'il n'y ait plus d'identification avec elles. Les phénomènes de la vie continuent à aller et venir avec ces manifestations élaborées ou non, mais cela n'affecte plus notre esprit parce que résidant à la source inébranlable et incommensurable du "Je suis". Nous témoignons de ce qui se passe, comme si nous regardions un film, sachant que ce n'est qu'une bande cinématographique et non quelque chose de réel. L'esprit, demeurant dans le "Je suis", ne peut plus poursuivre le désir, puisqu'il n'y a plus d'identification à la pensée. Les pensées peuvent continuer à venir et à aller, mais l'esprit ne s'en sert plus pour asseoir son identité personnelle ni pour trouver un sens à sa vie. Une fois le Soi réalisé, le monde des désirs et de poursuites révèlent leur nature illusoire. Alors ils se détachent naturellement de l'esprit.

C'est sans effort que l'esprit trouve la paix et la sagesse. Celles-ci sont les caractéristiques innées de notre condition naturelle. Ce qui demande de l'effort, est l'observation impersonnelle du mouvement des pensées et de percevoir la façon avec laquelle l'esprit tend à s'identifier à la manifestation. En fait, ce phénomène d'identification se produit dans l'inconscience. Ce sont des réactions dues aux actions du passé et des pensées et émotions non complétées ou épurées. Elles surgiront aussi longtemps qu'il y aura, en tant que centre, le moi.

L'inconscience est l'attention extériorisée du moi sur les objets de la pensée. Lorsqu'une attention non-motivée est accordée au mouvement de la pensée, jusqu'au sujet de la pensée, il y a, manifestement, la conscience dans son état naturel et lorsque, effectivement, celle-ci est présente, il n'y a plus rien laissant aucun résidu en tant que tendances latentes.

Toutes actions, toutes pensées, comme toute émotions laissent des traces karmiques dans la conscience aussi longtemps que l'esprit est soumis à l'activité du moi. En fait se sont ses traces inconscientes qui sont à la racine du moi. Lorsque nous remontons à la source du moi, retirant notre attention du monde extérieur des objets perçus, il y a l'irradiation des tendances latentes selon lesquelles le futur s'enligne d'une telle ou telle autre façon. Lorsqu'il n'y a pas de moi, il n'y a ni passé, ni de futur. Dans la conscience, il n'y a plus de temps ni d'espace. Toute question de réalité ou d'illusion se dissipent aussi avec la nécessité pour l'esprit d'atteindre quoi que ce soit. Tout effort existe qu'en esprit. Mais lorsqu'il n'y a plus de retours en arrière, le "Je suis" demeure resplendissant en tant que la seule réalité du Soi.

Chapitre XXV

Lorsque nous traitons des choses de l'esprit, pour la plupart, nous nous attendons à trouver une façon de mieux nous sentir avec nous-mêmes, ou trouver quelque chose qui puisse conférer un sens à cette vie qu'on ne comprend pas. Quoi qu'il en soit, nous pouvons passer notre vie à espérer trouver la réalisation du Soi, sans toutefois jamais savoir de quoi exactement il est question. Ces quêtes et ces buts dits spirituels ne sont pas différents de l'esprit avec ses tourments, ses peurs, son futur et passé. En fait, nous voulons transcender l'esprit et en même temps, nous nous servons de lui pour trouver ce qu'on cherche. C'est pourquoi il est à conseiller de ne point chercher.

Il n'est pas nécessaire d'essayer divers chemins pour trouver ce que nous sommes déjà. Il faut juste comprendre l'esprit et voir qu'il ne se différencie pas des actions et des pensées qu'il nourrit. Croire que le Soi ne soit pas déjà en nous est le premier obstacle. Si, au contraire, nous maintenons cette idée que nous ne sommes pas déjà réalisés et que nous ayons à poursuivre notre quête dans le but de trouver la vérité, c'est de tourner en rond.

Prendre la lumière pour l'ombre et chercher à s'accaparer de l'ombre est une quête vaine. Plus nous courrons après cette ombre, plus celle-ci se tiendra loin de nous. Notre attention se disperse dans le jeu des ombres, parce que nous croyons en l'ombre de notre esprit. Nous n'allons pas à la source de l'esprit, mais nous cherchons à trouver la lumière à l'extérieur de nous. Or, ce qui est extérieur, est le jeu des ombres. La lumière transformée en objet devient une ombre. Tel est le monde et tel est l'esprit. Pour cesser de se retrouver dans les ombres de l'esprit, il faut cesser de s'identifier aux objets de l'esprit. Celui-ci doit se calmer et se tourner vers la source, d'où seule jaillie la lumière. Autrement dit, l'esprit doit se taire mais demeurer intensément attentif de façon à embrasser toutes choses qui puissent se passer à l'intérieur de lui. C'est comme cela que la lumière pénètre l'esprit et le purifie par le fait même. La purification donc, commence avec l'acceptation de ce qui se présente en nous et son dépassement.

Pour trouver la lumière, il faut aller dans le centre de toute chose. Alors, vient la question : comment aller au centre de toute chose et percevoir la lumière en toute chose ? C'est ici qu'il faut surveiller l'esprit. Nous nous posons cette question en partant de l'esprit et dirigeons cette question sur un objet extérieur à soi. Il y a l'esprit qui pense à cette question, puis il y a la lumière comme objet d'observation. Tel est le jeu de l'esprit. Par conséquent, la vie se recouvre d'ombres et par la suite, nous cherchons des voies de sortie soit à travers la simple activité mentale, soit à travers une de ces dites quêtes spirituelles. L'esprit demeure au centre de ces deux activités. Alors ce que l'esprit trouve est le produit de sa propre imagination.

Comment pouvons-nous poursuivre quelque chose d'infinie et sans forme ? Toute activité qui prend place dans le temps et l'espace ne mène pas au-delà du temps et l'espace. Cela qui existe au-delà de tout début et de toute fin, n'est certainement pas quelque chose qui peut-être trouvée dans les limites du moi.

Si nous cherchons la lumière, c'est que nous croyons que celle-ci n'existe pas en ce moment même et que, à force de travail et de pratique, nous la trouverons assurément. Mais si celle-ci pouvait être trouvée un moment donné ou un autre, cela signifierait qu'elle n'est pas éternelle et omniprésente. En fait, tout ce que l'esprit peut trouver, n'est rien d'autre que son ombre propre qu'il prend pour la lumière. Si nous croyons que la lumière n'existe pas en ce moment, nous croyons qu'elle est quelque chose qui doit être trouvée dans le futur et qu'en attendant, il est normal de souffrir et de mener une vie misérable, remplie d'incertitudes et de complications. Alors nous pensons que nous avons besoin d'aides d'une façon ou d'une autre, d'une relation ou d'une autre pour combler notre manque.

Si la lumière n'existait pas en ce moment, elle serait quelque chose qui peut être trouvée et ce qui se trouve comme telle, demande vite à être remplacée par quelque chose d'autre. Ce qui est nouveau devient vieux. Ce qui vient, doit aller. Ce qui a un début a une fin. Si la lumière était quelque chose qui se trouve, elle ne serait pas la lumière. Tout ce qui se trouve est limité par l'esprit lui-même. Celui-ci peut créer des formes à l'infini, mais toutes formes apparaissent et disparaissent et voilà que l'esprit est à nouveau en face d'une nouvelle forme. Il n'y a pas de fin sur cette voie.

Pour accéder à ce qui est permanent, tel le bonheur, l'esprit doit retourner à la source qui est sa condition naturelle. En elle seule existe la lumière éternelle et c'est en elle que le bonheur est permanent. Mais pour trouver la permanence, l'esprit doit mourir à lui-même. En mourant à lui-même, il meurt à tout ce qui est transitoire. Lorsque la nature transitoire de toute chose est réalisée et que l'esprit ne poursuit plus aucun objet, alors quelque chose d'autre que le connu peut lui être révélée. Mais s'il cherche à faire possession de cette révélation, il fait de celle-ci un souvenir, quelque chose du passé que maintenant il cherche à faire durer à travers le futur.

Lorsque l'esprit s'éveille à lui-même et quitte les objets de la pensée, plus de lumière lui est accordée. Si l'esprit cherche à rester dans cette lumière, il retombe dans son identification avec les objets de sa pensée.

Dans la réalisation du Soi, d'innombrables révélations peuvent et vont prendre place, de même que des états d'éveil de plus en plus accrus. Cependant, dans le Soi, les choses vont et viennent, les états vont et viennent, la lumière et l'ombre vont et viennent. Mais ces manifestations inévitables, ne sont pas la source. L'esprit doit persister à demeurer détaché des objets de perception. Il y aura des expériences uniques, révélant des beautés toujours plus resplendissantes, mais l'esprit doit réaliser que telle n'est pas la nature du Soi. Ce qui vient à l'esprit, doit aussi aller ; quelle que soit l'intensité de la lumière, quel que soit l'état d'éveil ou d'absorption dans le non-manifesté.

Dans le Soi, tout ce qui vient, doit aussi aller. Il est facile, rendu à ce niveau, de demeurer dans l'état d'absorption et de croire que telle est la réalisation finale. L'esprit doit revenir à la source et réaliser qu'en elle, en sa nature innée, plus rien ne vient ni ne va. L'esprit peut aussi imaginer cet état où plus rien ne vient ni ne va. Que l'esprit veille, qu'il soit question de la forme ou de la non-forme, l'esprit doit rester vigilant et laisser le Soi s'occuper de lui et du monde de la manifestation ou de l'absence de manifestation. Tant qu'une seule parcelle d'inconscience persistera en l'esprit, les tendances du passé recouvreront le présent pour se projeter dans le futur.

Lorsque la réalisation survient que tout mouvement de l'esprit a pour centre le moi, qu'il soit négatif ou positif, qui ait rapport avec l'ombre ou la lumière, l'esprit sera soumis aux lois de causes et d'effets. Mais la solution ou la fin du karma est en lui-même. Si l'esprit renonce à toute acquisition, à tout attachement, de même qu'au non-attachement, alors cela qui est sa condition naturelle peut lui être révélée. Pour ce qui est de l'esprit qui a déjà fait un immense travail au niveau du retranchement des obstructions, il lui faut demeurer immobile mais intensément attentif, même en face des choses extraordinaires qui sont à se passer en lui, cela, jusqu'à ce qu'aucune obstruction ne s'interpose plus jamais entre lui et le Soi.

L'esprit n'est jamais seul. Une aide lui est toujours accordée. Lorsque parvenu à un certain degré de maturité, un Maître se présente à lui, physiquement, ou dans l'invisible, jusqu'à ce que l'esprit réalise que le Maître existe déjà en lui-même. Dans une certaine mesure, la vie se complexifie au moment où l'esprit commence a se purger des tendances latentes et l'esprit se simplifie à mesure que ces mêmes tendances latentes diminuent, jusqu'à ce que l'esprit ne fasse plus qu'un avec le Soi.

Il n'y a aucun lieu où fuir, ou à poursuivre ; nous n'avons qu'à retourner à la source de toute pensée où se trouve le moi et une fois que toute l'intensité de l'attention se tourne vers le centre du moi, celui-ci révèle l'existence du "non-moi", la porte s'ouvrant au Soi. À ce moment, toute révélation peut lui être accordée. Tout peut lui être accordé. La totalité de la conscience et de la création peut lui être offerte. Pourquoi se préoccuper de choses de ce monde lorsque la totalité de la vie nous est offerte sur un plat d'argent. En vérité, la création et l'esprit sont une seule et même chose.

La pratique de l'introversion du mental amène un détachement face aux événements de notre vie, de même que face à tout ce qui se passe à l'intérieur de nous. Par ailleurs, les habitudes invétérées de penser et d'agir du moi ont des racines nécessitant beaucoup plus d'attention et de concentration pour arriver à leur déracinement profond. Mais lorsque cette pratique de l'introversion du mental devient le centre autours duquel les événements de notre vie tournent, l'esprit fini tôt ou tard et assurément à se libérer de telles entraves.

La source de l'attention est infinie. Alors quel que soit le modèle psychique dont l'esprit est prisonnier, est amené à se démanteler dans le feu inextinguible de l'état d'éveil. Il faut simplement s'adonner à cet éveil quotidien et constamment remonter à la source des pensées liées à ces modèles psychiques en question. Alors naturellement, ceux-ci, finissent par disparaître. Mais l'esprit ne doit pas s'empresser de trouver un résultat et ni nier sa présente situation. Mais y accorder toute attention de façon à ne faire plus qu'un avec ces modèles psychiques. C'est en devenant un avec tout état que la transcendance peut prendre place puisque le moi est constitué de ces modèles psychiques. Alors en les reconnaissant comme ils sont et en y apportant toute attention, nécessairement ils perdent de leur élan et de leur force parce qu'à ce moment, il n'y a plus de résistance ni d'identification.

L'éveil de l'esprit ne se produit pas en fonction des besoins du moi. L'éveil n'est pas à chercher mais demande à être reconnu comme étant à la source même de qui l'on est. L'éveil est l'état naturel de notre être et précède toutes activités mentales quelles qu'elles soient. Pour que nous soyons conscients des activités mentales, il faut nécessairement que l'attention soit déjà présente ; sans quoi, nous ne pourrions même pas penser !

Que l'esprit se reconnaisse et s'établisse dans cet éveil et il verra que le moi n'existe pas plus que le monde dans lequel il vit. C'est parce que nous laissons libre cours à la pensée, en fonction de ce qui nous plaît ou nous déplaît, que nous nous ramassons prisonniers d'un moi nous empêchant de jouir de la liberté qui est notre premier héritage. À travers la question qui "suis-Je", l'esprit retourne à sa condition naturelle et rien ni personne ne peut lui empêcher de faire un avec cette liberté, sinon lui-même.

Il n'y a aucune limitation extérieure, de même qu'aucun danger à l'extérieur. Seul l'esprit est son propre ennemi et sa propre limitation. Le monde prend naissance et meurt en l'esprit. Pour se libérer, il faut retourner au centre de l'esprit pour réaliser qu'il n'y a jamais eu de séparation entre le moi et le Soi. Seul le "Je suis" a été et sera éternellement. Être chez soi, c'est retourner au centre. Alors la lumière peut rayonner de partout. La vie trouve sa plénitude dans le centre de notre être. Nous sommes Cela. Telle est la vérité. Le reste est un jeu de lumières et d'ombres.

Chapitre XXVI

Il faut toujours garder présent à l'esprit qu'en réalité, quoi que nous fassions, quoi qu'il puisse se passer, qu'elle que soit la forme qui se présente à nos yeux, nous sommes le Soi. Par conséquent, tout ce que l'on croit être, nous ne sommes pas.

Lorsque le temps est venu où il n'y a plus une seule trace du passé, plus aucune cicatrice, l'esprit réalise qu'en fait, les milles et une forme et souffrances innombrables qu'il a subies n'ont jamais existées. Quels que soient les noms, les sujets, les pensées, les sentiments auxquels nous nous sommes identifiés, n'ont jamais atténués la source du Soi. Même au beau milieu des plus grandes souffrances, nous sommes le Soi.

Le Soi peut toujours être trouvé. Il est tout ce qu'il y a de permanent. Il faut reconnaître le Soi comme étant la seule réalité suprême et se le rappeler incessamment jusqu'à ce que nous nous établissions en lui. Alors il peut devenir le point de référence face à toute chose.

Lorsque nous rêvons à toutes sortes de choses en les prenant pour réelles, ce n'est que lorsque nous nous retrouvons à l'état de veille que nous disons que nous avons rêvé et qu'en fait, ce que nous croyons être réels, n'était qu'une projection de notre esprit. De la même façon, lorsque nous réalisons le Soi, la vie éveillée aussi nous apparaît comme un rêve, une autre projection de notre esprit. Le rêve est réel tant que nous dormons et que nous rêvons, de même, lorsque nous sommes éveillés et projetons à l'extérieur nos pensées et nos désirs, nous croyons aussi que le monde est réel comme nous le percevons. Mais lorsque nous remontons le cours des pensées et que nous trouvions le moi et la réalisation de son vide inhérent, nous voyons bien que cette vie éveillée est autant un rêve que la vie du rêve lorsque nous dormons.

Nous devons continuer à vivre parmi le jeu des formes et des objets en ayant la conviction et la connaissance que tout phénomène de la vie, n'est qu'une forme prenant place dans le Soi. Par ailleurs, si nous nous tournons du Monde parce que nous nous disons que ce n'est qu'un rêve, c'est aussi accordé au rêve une réalité qu'il n'a pas. Toute représentation des choses ne mène pas au Soi. Même ces écrits ne sont pas la vérité. Nul ne peut décrire la vérité parce que la vérité est immuable et absolue. Mais nous pouvons nous servir de ces mots pour nous regarder et c'est tout ce à quoi les mots peuvent servir. Les mots pointent vers quelque chose, nous apportent un sens des directions, mais il appartient à nous de prendre les initiatives et de nous avancer vers ces directions. Alors, comprendre que le monde soit une illusion ne signifie pas que nous abandonnions tout intérêt et cessions de vivre en ce monde.

L'esprit ne peut pas se représenter l'infini, ce qui fait que l'esprit ne peut pas, par lui-même et de façon indépendante, décider de ce qu'il devrait faire ou de ne pas faire. L'infini s'occupe de ce qu'il y a lieu de faire ou de ne pas faire puisqu'il est au centre même de l'esprit et le dirige malgré tout. En fait c'est l'inspiration qui en premier lieu nous amène à l'action. Lorsque cette même inspiration est véritable et vient de la source comme telle, c'est-a-dire de notre nature divine, alors l'action ou toute décision de notre part, prend place conformément. Il n'y a pas d'intervalle entre le penser et l'agir. Lorsque l'esprit est ainsi connecté à la source, son fonctionnement devient intégral et cela à tous les niveaux ; autant sur le plan psychique que sur le plan physique. En fait l'esprit en vient à vivre sa Grâce intérieure tout en l'exprimant à l'extérieur sur le plan physique.

En général, lorsque nous nous proposons de suivre une démarche spirituelle, nous prenons pour acquis l'intention personnelle d'agir en cette direction, de même que la division entre le sujet et l'objet. Nous prenons pour réelle l'image que nous nous faisons de nous-mêmes et nous imaginons avoir besoin d'agir d'une façon ou d'une autre, de même que nous prenons pour réel l'objet à atteindre ou à réaliser. Or, cette division est illusoire et mène à la souffrance. Celle-ci n'existe qu'en la dualité. S'il n'y a aucune dualité entre un sujet et un objet, entre le passé et le présent et le futur, il ne peut y avoir de souffrance. Dans le Soi, il n'y a pas de souffrance puisqu'il n'y a aucune entité divisée d'aucun objet extérieur à lui.

Ce qui nous fait croire que la réalisation est chose du futur, est cette tendance à conserver ces images sur nous-mêmes ; ce qui nous amène à agir de façon prédéfinie et à nier, par là, l'existence même de ce que nous sommes en réalité en ce présent même. Tout ce qui a existé et existera, à tous les niveaux et sous toutes les formes, réapparaissent dans la conscience. Alors nous devons commencer avec cette conscience fondamentale et la compréhension que, quelle que soit la manifestation, du matériel à l'immatériel, n'est pas autre chose que la conscience elle-même. Le temps et l'espace viennent de la conscience mais ne sont pas la conscience. C'est dans l'apparition du moi, que le temps et l'espace prenne leur existence. Lorsque le moi apparaît, le monde se divise en lui-même. C'est pourquoi il y a tant de séparation dans le Monde et tant de misère.

Nous devons retourner à la source, nous établir dans la conscience où seul le Un existe réellement. En lui, notre misère prend fin. Chercher la vérité en premier et celle-ci vous affranchira. L'esprit souffre parce qu'il s'identifie à la forme en oubliant que seul est vrai le Soi.

L'esprit passe d'un objet de désir à un autre, sans jamais trouver la pleine satisfaction, car tout ce qui vient de la pensée est nécessairement transitoire. Tout ce qui fait l'objet d'une acquisition doit avoir une fin. Donc la seule satisfaction, le seul bonheur qui puisse durer, est ce qui existe déjà – Cela qui est la source, d'où vient toute chose.

Pour vivre en ce monde il faut s'armer du sabre de la discrimination. Il faut discerner le réel de l'irréel et c'est ce qui nous libère du désir et de la douleur inhérente. Il faut ni combattre le désir, comme les pensées, ni les laisser prendre toute la place. Cela ne se fait pas par l'action de l'esprit, qui n'est qu'une autre pensée. Une pensée ne peut pas prendre le contrôle sur les autres pensées ; car la pensée change continuellement. Mais lorsqu'il y a la discrimination entre le réel et l'irréel, manifestement il y a l'intelligence et c'est celle-ci qui libère. Alors le désir tombe de lui-même et nous pouvons vivre dans le monde des formes, laisser les pensées comme toute énergie aller et venir, cela ne trouble point la source. Les vagues peuvent continuer à se mouvoir comme elles veulent dans l'océan, mais celui-ci demeure le même.

Ce n'est pas nécessaire de fuir ni de contrôler quoi que ce soit, parce que toutes manifestations ont la même origine : le Soi. Que l'esprit se calme, qu'il soit à l'écoute attentive du "Je suis". Alors la forme et le mouvement sans fin de la vie ou des phénomènes ne le dérange plus.

Une forme apparaît dans la conscience et l'esprit croit que c'est lui-même. S'identifiant de cette façon à la forme, il crée le monde de la dualité et parce qu'il ne trouve que la souffrance, il cherche à retrouver sa plénitude. Mais parce qu'il croit être une forme, il cherche la plénitude de cette forme et des formes à l'extérieur de lui. C'est pourquoi, d'ailleurs, qu'en ce monde, nous habitons des corps avec des sexes opposés. C'est comme si la nature nous obligeait à chercher notre plénitude. Mais parce que nous nous identifions à la forme, nous cherchons l'élément opposé afin de nous donner l'impression de cette plénitude. Mais ce que nous trouvons est le miroir des obstructions de notre esprit. Alors soit que nous fassions fasse à cette souffrance et retournions à la source qui est soi-même, soit que nous l'évitions et cherchions à combler cette lacune avec des objets extérieurs – lesquels ne peuvent remplacer la plénitude que nous cherchons réellement. Mais cela n'a pas de fin, puisque l'identification avec la forme est à l'origine de la séparation.

Il faut voir la forme pour ce qu'elle est, sans s'y identifier et demeurer à la source du sujet de la pensée pour en réaliser le vide. Alors, en voyant ce vide, nous nous libérons par le fait même du moi et ne reste que le Soi éternel. Alors, quoi qu'il arrive avec la forme, cela ne nous concerne plus. Les choses poursuivent leur cours, à quelque niveaux que ce soit, de quelque façon que ce soit.

La vie poursuivra toujours son mouvement puisqu'à l'origine infinie. La réalisation de cet infini du Soi réside dans le présent et non dans le passé ou le futur et l'esprit le trouve ni à l'extérieur, ni à l'intérieur ; car pour la conscience une, il n'y a que le Un.

Alors tout ce que nous pouvons penser de soi-même, doit être laissé de côté. Toute aspiration, tout désir, tout futur doivent être oubliés. Lorsque nous sommes pleinement présents, sans aucune forme ou pensée en tête, nous trouvons ce que nous avons toujours cherché ou désiré, le Soi lui-même au dedans de nous. Si nous pouvons oublier les phénomènes de la vie quotidienne lorsque nous dormons, pourquoi ne pas faire de même lorsque nous sommes éveillés ? C'est de la même nature.

Nous ne sommes ni l'esprit, ni le corps, ni nos sens ni le moi. Ce qui reste est ce que nous sommes réellement. C'est cette réalisation qui est essentielle. Tout le reste est sans importance. Le Soi, dans son Don de vie incommensurable, s'occupe de cela. Nous n'avons rien d'autre à faire qu'à être ce que nous sommes en ce moment. Alors lorsque l'intelligence suprême prend les guides, tout s'écoule de la seule et meilleure façon possible. C'est le plus grand bien qui peut être partagé avec nos semblables, car à l'intérieur du cœur d'un tel esprit, l'amour abonde comme un fleuve sans fin et tout peut être transformé par cet amour.

Chapitre XXVII

Nous nous posons bien des questions sur l'avenir de l'humanité et sur notre propre existence en tant qu'individu. Nous nous en faisons aussi si nous avons une famille ou d'autres personnes à nous occuper. Et puis, en regardant autours de nous, où l'argent est devenu le centre de nos préoccupations avec toutes ses influences dévastatrices dans les rapports humains, entre une classe et une autre, entre un Pays et un autre ; nous nous demandons comment on peut y vivre ou si un processus dégénératif ne serait pas en cours. De même, la Terre elle-même semble en souffrir de plus en plus : la pollution, la dévastation, les manipulations chimiques et transformations génétiques et ainsi de suite.

Nous avons l'impression qu'il n'y a pas de futur pour l'humanité. D'autre part, il y a ceux qui adhèrent aux conceptions de l'arrivée d'un nouvel âge, comme quoi, présentement nous nous trouvons dans un temps d'épuration où la Terre passera à travers des changements radicaux et subira un renversement climatique considérable. Par la suite, une nouvelle conscience s'incarnera à travers les humains amenant le sens de l'unité de la conscience et éveillant les sentiments de fraternité, d'union et de compassion. Mais ni la dégénérescence ni l'avenue de la nouvelle conscience n'ont de réalité. C'est parce que nous nous limitions aux mots, aux théories et aux formes que nous projetons à l'extérieur nos peurs et nos espoirs. Mais cela n'est pas l'expression de notre véritable nature.

Qu'il s'agisse d'enfer ou de paradis, notre condition naturelle et vraie est autre chose. La conscience ne peut pas se diviser ou dégénérer ou évoluer. Si nous pensons que le monde dégénère et qu'un autre monde s'éveille, il faut regarder à l'intérieur de soi. Non pas regarder avec les yeux de ce monde, à travers les idées et conceptions négatives ou positives, mais vraiment regarder ce qui "est" sans l'intervention de l'esprit et simplement demeurer silencieux sans poursuivre ni épouser aucune direction. Alors, en se tournant à l'intérieur nous réalisons cette immobilité, ce silence qui ni se désintègre ou n'évolue. C'est un espace incommensurable qui ne peut être défini, ni emprisonné dans aucune explication quelle qu'elle soit. C'est un état au-delà de tout état quel qu'il soit. C'est une réalité dépassant toute concept de destruction ou de construction, de dégénérescence ou de croissance.

La création, son début et sa fin ; le néant ou la plénitude ne sont que des phénomènes qui s'élèvent et tombent dans l'océan du Soi. Des univers à l'infini se sont créés et se sont détruits. Des myriades infinies d'esprits ont apparu puis disparu dans la conscience infinie du Soi. Quel qu'ait été l'apparition ou la disparition de quelque phénomène que ce soit, le Soi ne subit aucune altération. Même l'évolution et l'involution de la conscience universelle n'est qu'un phénomène prenant place dans le Soi. En réalité, ces phénomènes apparaissent tous à l'intérieur de cycles se superposant de façon hiérarchique. Le mouvement d'évolution et d'involution n'apparaissent aussi qu'à l'intérieur de ces cycles. Les cycles d'existence comme tels, ni n'évolue ou dévolue. Ils sont les archétypes éternels immuables et systématiques prenant place dans les royaumes multidimensionnels et infinis de la Suprême réalité et absolue du Soi.

La réalité du "Je suis" à elle seule constitue toute la vérité. Pourquoi douter cela ? Pourquoi se préoccuper de savoir si le monde est entré dans un processus de dégénérescence ? Ou pourquoi chercher des espoirs dans de telle pensée concernant un nouveau cycle d'existence ? Pourquoi s'en faire sur ce qui a été, sur ce qui est et sur ce qui va arriver et qui pose ces questions ? Nous devrions demeurer silencieux en la source de toute existence et réaliser que rien n'a jamais disparu ou apparu, c'est la vérité ultime de notre condition réelle et inébranlable. C'est la réalisation du "Je suis" au cœur de notre être et au cœur de toute la création.

L'esprit se projette à l'extérieur et s'identifie aux formes, c'est pourquoi le "Je" deviens affecté par ce qui se passe. Cependant, ce n'est pas que Dieu est mort, ou que nous ne puissions pas réaliser l'illumination. C'est parce que nous nous identifions au monde des objets de l'esprit, que nous posons un voile sur ce que nous sommes réellement.

Le même esprit égaré par sa propre ignorance cherche à s'en sortir. Soit qu'il épouse le côté négatif des choses, ou soit le côté positif des choses. Dans les deux cas, il sait de réactions. En fait, ni l'aspect négatif, ni l'aspect positif n'existe vraiment. Leur réalité n'apparaisse que dans l'esprit. Lorsque celui-ci devient conscient de sa séparation, le monde apparaît avec sa dualité du bien et du mal ; de même que la création avec ces pôles négatifs et positifs. C'est la loi de la manifestation. L'univers existe en fonction de l'esprit.

S'il n'y a pas d'esprit, il n'y a pas de Monde avec ses lois et ses pôles. Dans le Soi, il n'y a ni d'esprit isolé, ni de lois, puisque seul existe le Un. Par ailleurs, puisque seul le Un est vrai, toutes moindres manifestations ou esprit ont la même essence qui est le Soi. Alors, pour comprendre le Monde ou la conscience, il faut retourner au-dedans de nous et réaliser que seul est permanent et vrai le Soi.

Pour se trouver, il faut trouver la vraie identité du "Je suis" ; il faut trouver le cœur au-dedans de nous. Une fois que cela se réalise, nous trouvons tout ce qu'il y a à trouver, de même que toute réponse se trouve dans le cœur. Pour comprendre le Monde, il faut entrer dans le cœur. Il n'y a pas d'autre voie parce que le monde est le Soi.

Prendre les phénomènes pour la réalité mène à la souffrance. Les seules réponses à trouver se résument toutes en une seule réponse qui est : "Je suis". Tous phénomènes vont et viennent, qu'il soit question de l'involution de l'esprit, de la création de la matière ou de l'évolution de l'esprit à nouveau, ce ne sont que des mouvements dans la conscience. Ce que nous sommes, la réalité du "Je suis" est au-delà de la manifestation. Celle-ci va son chemin quoi qu'on en pense. C'est l'expression de la qualité du pouvoir créatif du Soi qui est nulle part ailleurs qu'en soi-même. Nous sommes cette divinité, ce pouvoir incommensurable, cette force éternelle permettant à la création infinie de se produire et de se dissoudre.

Pourquoi s'entretenir dans des pensées telle le monde dégénère ou le Monde entre dans un nouveau cycle ? Cela est secondaire. Lorsque nous entrons en nous-mêmes et réalisons qui nous sommes, il n'y a plus aucun doute. La réalité du "Je suis" s'empare de nous.

En réalité, tout concept sur ce qui est ou sur ce qui devrait être, vient de l'ignorance. C'est parce que nous nous identifions à eux que la vie d'obscurcie, laissant libre cours aux dépressions et aspirations fantaisistes de l'esprit. Il n'y a pas de quoi se tourmenter. Ce qui est pour arriver, arrivera, quoi qu'il en soit.

La création infinie a déjà été entièrement conçue et organisée dans le Soi. D'autre part, la liberté d'être ce que nous sommes nous est donnée. C'est parce qu'à la source, la liberté existe déjà, que nous nous identifions à l'esprit et au corps et faisons par là exercice du libre arbitre. Alors nous passons d'une forme à une autre, jusqu'à ce que nous réalisions qu'il n'y a nulle part où aller, sinon qu'en soi-même ; puisque nous sommes cette liberté.

Ce n'est pas la vision du futur qui est importante, c'est celle du présent de ce que nous sommes. Cette vision est la réalisation ultime. Avec elle, se place toute chose. Ce qui sera à épuiser, s'épuisera par le fait même de cette réalisation et quel que soit le temps, quel que soit l'espace dans lequel nous nous trouvons. Cela est la création et elle réside dans notre propre cœur. C'est le cœur qui dicte la marche à suivre et non l'esprit.

Pour nous assurer de la réalisation finale et permanente, il faut suivre le cœur. Car le cœur est l'âme de la création entière. Pour s'ouvrir à la destinée de toute chose, y compris la nôtre, il faut s'ouvrir au cœur. En fait, toute destinée commence et se termine dans le cœur. Lorsque l'esprit réalise qui il est, les fausses identifications avec les concepts s'évanouissent d'eux-mêmes avec la souffrance. Car celle-ci n'existe pas en l'esprit purifié. Elle n'existe que dans l'ignorance. Alors lorsque l'esprit s'éveille au "Je suis", il n'y a plus d'ignorance ou celle-ci se révèle comme n'ayant jamais existé.

Tout chemin, toute involution ou évolution, existe dans la relativité de la conscience ; donc du temps et de l'espace. Au contraire, dans la réalité du "Je suis", il n'y a que le silence, l'immobilité et la lumière. Qu'il y ait apparition ou disparition, l'esprit ne s'en fait plus. N'y a-t-il pas en cela toute une révélation, tout un apaisement et c'est tout ce qu'il y a de plus simple. Trop simple pour nous, esprits compliqués et attachés aux concepts de la douleur et du bonheur.

Pour retourner à la source de notre être, il faut être simple. Alors, naturellement, l'esprit remonte à la source. Le bonheur ou le malheur apparaît et disparaît dans la conscience. Les difficultés, les ennuis, les plaisirs, les éveils, toutes expériences ou toutes réalisations ne prennent place que dans la conscience. Il ne faut pas s'arrêter à cela mais voir la conscience comme simple manifestation du non-manifesté, lequel seul pointe à l'Absolu du Soi.

Chapitre XXVIII

Nous croyons que la réalisation du Soi ne peut être trouvée que demain, dans un quelconque avenir, ou que cette réalisation soit réservée à quelqu'un d'autre – quelqu'un de plus pure, quelqu'un de plus sérieux ou dévoué que soi-même. La croyance est que la réalisation du Soi s'est présentée à quelques rares individus dans le passé, ou se passera dans une autre vie.

Nous gardons en mémoire nos expériences, nos connaissances, nos relations et nos aspirations. De cette façon, le moi fait surface avec son dualisme. Notre conscience s'érige autours de la séparation entre soi-même et les autres, entre soi-même et le monde, entre soi-même et la vie et la réalisation du Soi.

Lorsque nous conservons en mémoire ce que nous avons été et projetons dans un futur ce que nous aimerions être ou acquérir ou réaliser, nous créons l'expérience relative à ces mêmes pensées et conceptions. Alors le passé se conserve à travers le présent et le futur se poursuit en conséquence. Le présent de notre existence se limite à notre conscience du passé et du futur. Lorsque nous entendons parler de la réalisation du Soi, nous essayons d'établir un rapport entre notre moi, lequel est le produit du passé projeté dans le futur et la façon avec laquelle nous pourrions accéder, demain, à cette réalisation du Soi. Gardant en mémoire ce qui se dit à ce sujet, ou en accumulant ses connaissances à ce sujet et à travers quelques pratiques que ce soient, nous pensons expérimenter ces mêmes choses autours desquelles tournent nos croyances et aspirations. Assurément, l'esprit poursuit ses propres projections lesquelles deviennent sa réalité expérimentale.

Quelle que soit l'image à laquelle on s'attache, celle-ci devient pour nous la réalité de notre expérience. Alors telle croyance apporte telle expérience, telle connaissance apporte telle perception du monde.

Notre esprit prend ce qu'il croit être pour la réalité. Cela est compréhensible, puisque nous créons notre propre sens d'identité à partir du passé et du futur auxquels nous nous attachons. Alors la réalisation du Soi devient un autre concept à additionner à notre bagage. Ayant ce concept en tête, avec tout ce qui se dit de merveilleux à ce sujet, nous entreprenons notre quête ou nos pratiques. Ce que nous trouvons sur cette voie, est soit davantage de déception ou l'expérience de ce que nous avons projeté nous-mêmes.

Si la réalisation du Soi était relative à l'esprit, il est convenu alors que l'esprit aurait à faire des efforts pour l'atteindre. Mais qu'est-ce que l'esprit peut poursuivre d'autre que ses propres projections en tant que connaissances et expériences emmagasinées dans sa mémoire ?

L'esprit ne peut pas faire l'effort de trouver quelque chose qu'il ne connaît pas. Qu'est-ce qui peut être projeté dans le futur sinon le passé lui-même ? Est-ce que la réalisation du Soi est quelque chose du passé ? D'où vient cette énergie, cette force qui nous permet de penser, de voir, de sentir, d'expérimenter et de vivre ? Cherchons-nous à y répondre avec nos connaissances et expériences emmagasinées ? Nous y réfléchissons et cherchons des réponses dans notre tête. Il est curieux comment nous nous limitons à l'esprit lorsque, tout autour, s'exprime librement la réalité de la vie.

Nous croyons que nos occupations, nos responsabilités, nos engagements nous limitent dans notre capacité à réfléchir ou à travailler sur ces questions. Comme si la réalisation du Soi consistait à se retirer des activités quotidiennes et à se mettre à penser ou à méditer autours de cette réalisation. Il est vrai que la plupart d'entre nous ont choisi de vivre ainsi, soit volontairement ou non, c'est-à-dire par suite d'actions et de pensées du passé. Le monde dans lequel nous vivons n'est pas de tout repos non plus. Si nous vivons dans une ville, nous voyons bien qu'il est difficile de rester calme et intègre sans être affecté par les influences extérieures. Malgré toutes ces difficultés, ces occupations et préoccupations et influences, qu'est-ce qui en nous est affecté et brimé ? Notre moi, ou ce que l'on appelle notre âme, ou notre corps ? Mais qui sommes-nous au juste ? Nous voudrions atteindre la réalisation du Soi sans nous connaître nous-mêmes. Cela est impossible. Parce que nous gardons en mémoire les choses du passé, nous nous érigeons en tant qu'entité pensante, divisée des pensées. Alors nous cherchons à répondre aux difficultés de la vie à travers l'activité de la pensée en prenant pour acquis que nous constituons une entité pensante devant frayer son chemin dans la vie.

Soit que nous essayons de changer notre passé, en essayant de vivre autrement dans le futur, soit que nous acceptions le passé comme il a été et cherchions à le préserver dans le futur. Dans les deux cas, nous avons la ferme conviction que nous sommes ou avons été ce passé et que nous serons aussi ce que nous voudrions devenir dans le futur. Mais l'esprit ne se divise pas de ses pensées. S'il n'y a pas de pensée, il ne peut pas y avoir d'esprit. Alors pourquoi s'accrocher si fermement au passé et au futur, puisqu'ils n'existent que dans la pensée ? Si l'esprit ne se divise pas de ses pensées, pourquoi faudrait-il s'y identifier ? C'est par ignorance que nous nous identifions aux objets de la pensée et que nous accordions une réalité au passé comme au futur. Car ni le passé, ni le futur n'existe ailleurs que dans l'esprit. S'il n'y a pas de pensée, il n'y a ni de passé ni de futur.

Le temps et l'espace prennent leur réalité dans le présent, c'est-à-dire dans l'expérience par rapport à ce qui est. Le passé s'est produit en fonction d'une expérience présente et il en est de même pour le futur. Donc, c'est de l'expérience au présent qu'émerge le passé, comme le futur.

Qu'est-ce que le présent en réalité ? Est-ce que le présent se limite aux connaissances et expériences du passé ? Est-ce que le présent se limite aux mémoires et aspirations de l'esprit ? Alors le passé, présent, futur n'existent qu'en l'esprit. Mais le présent en lui-même, autrement qu'un passage entre le passé et le futur, tel que perçu par l'esprit, nous ne le connaissons pas, il est intangible. Que devient le présent sans nos mémoires et sans nos projections ? C'est le vide de la conscience d'où émane toute énergie, tout pouvoir et toute direction.

Le passé et le futur prennent naissance au moment où l'esprit s'identifie au processus de la pensée. Mais si l'esprit demeure silencieux et immobile, sans mémoire et projection, sans mots, une présence d'être se révèle ; laquelle a toujours existé, malgré l'incessant va et vient des formes. Toute énergie, toute vie naît de cette présence d'être, de cette abondance, de cette Grâce. C'est elle qui nous fait vivre et qui fait vivre toute chose. Au lieu d'essayer de comprendre la vie à travers le seul jeu de la pensée, pourquoi pas juste se calmer et résider dans notre condition naturelle qui est cette source d'énergie inépuisable ? Ce qui cré la difficulté ou l'obstacle, n'est pas autre chose que le moi et ce n'est que le moi qui soit influencé ou bousculé par les interminables provocations et influences extérieures.

En la source éternelle, puisque infinie, rien ne change. Rien n'apparaît ou disparaît. Ou tout apparaît puis disparaît ne laissant aucune trace. La source de la conscience entière demeure inébranlable et immuable et c'est notre nature profonde.

Toute complication vient du seul fait de l'esprit. C'est un malentendu que de croire que la vie soit difficile, ou que la réalisation du Soi puisse être réservée qu'à quelques-uns. Il n'y a pas d'autres obstacles sur le chemin à parcourir que ceux fixés par l'esprit lui-même. Comme l'esprit est un résultat des pensées auxquels il s'identifie, il lui devient impossible de concevoir la vie autrement qu'à travers le passé et le futur. C'est un emprisonnement pitoyable. Cela n'est pas nécessaire.

Nous allons nous faire souffrir jusqu'à ce que nous n'en pouvions plus pour réaliser que le bonheur n'est pas un objet de poursuite, qu'il est un état d'être résidant à la source même de notre être. En fait, le bonheur ne se trouve pas, comme la réalisation du Soi. Ils sont les particularités du "Je suis". Lequel réside dans le présent éternel. Nous n'avons pas à aller bien loin. Ce n'est pas nécessaire de vivre de façon compliquée, à s'efforcer d'atteindre quel qu'idéal que ce soit. La réalisation du Soi n'est pas une chose de l'esprit. Elle est la nature du Divin et se tient indépendante des activités de l'esprit.

Si l'esprit réalise qu'il n'est rien sans ses pensées, n'y a-t-il pas en cela une grande libération ? Cela veut dire que ni le passé, ni le futur n'a plus d'emprise sur l'esprit s'il ne poursuit pas la pensée. Alors ni le passé n'a besoin d'être effacé, ni le futur n'acquière d'importance. Comme si nous devions dépendre de lui pour nous rapprocher de l'ultime réalité derrière toute chose. C'est parce que nous accordons une réalité à nos pensées, que nous laissons le passé s'imprégner dans le présent et que nous créions la nécessité du futur. Si l'esprit demeure le témoin de ce qui se passe dans un présent, le passé comme le futur prenne fin. Ce n'est pas nécessaire d'essayer d'équilibrer les mauvaises choses du passé, en essayant de vivre de la bonne façon dans le futur pour nous libérer. La libération peut se trouver maintenant, sans tenir compte ni du passé et ni du futur. Il n'y a que l'esprit à laisser tomber et avec lui s'écroule le passé comme le futur.

Lorsque nous réalisons que nous ne sommes ni la pensée, ni le penseur, nous devenons Cela qui seul a toujours existé et existera éternellement. Ce n'est pas simplement la mort à la souffrance que nous trouvons, mais nous y trouvons la source de toute mort et naissance. C'est l'unification de la conscience universelle qui est l'amour le plus pur. C'est cela la réalisation du Soi et il n'y a rien de plus simple et immédiat.

Il faut libérer la conscience des obstacles de l'esprit. Une fois que la réalisation du Soi prend place à l'intérieur et qu'elle devient le centre autours duquel désormais notre être pivote, nous comprenons que la vie de l'esprit n'est qu'un passage ou simple forme expérimentale dans la conscience universelle et que seule à demeurer l'état de réalisation du Soi. Toutes expériences terrestres et même cosmiques n'ont pour sens que de ramener l'esprit à sa vraie nature. "Je suis" est l'origine, le début et la fin.

Chapitre XXIX

C'est lorsque nous sommes totalement présents, sans aucun mouvement de l'esprit, que la présence du "Je suis" peut se manifester à travers nous. Il n'y a aucun besoin d'effort pour trouver ce que nous sommes déjà. Mais l'esprit ne peut s'efforcer de se transcender lui-même. Il peut juste prendre conscience de son activité et l'abandonner. Alors quelque chose de nouveau peut se présenter.

La simplicité peut fleurir dans le cœur de notre être. L'esprit ne peut chercher cette simplicité, puisqu'il est le résultat d'hier en projection du futur. Toutes les idées ou conceptions d'atteindre quelque chose dans le futur, ou toute image du passé, voile la réalité du moment présent, en lequel habite la réalité de ce que nous sommes.

Puisqu'il n'y a que le présent, pourquoi se compliquer les choses en s'accrochant au passé et en se projetant dans le futur ? Toute idée de ce qui devrait être, ou ne pas être, appartient à l'esprit. Tant que nous nous servons de l'esprit pour trouver la réalité, nous nous en éloignons. Car la réalité est au-delà du temps et n'a pas de limite.

Nous avons des idées préconçues de ce que la réalisation du Soi devrait-être et nous essayons, par toutes les façons inimaginables, d'y accéder. On ne fait pas vivre ce qui est mort. Si la réalisation du Soi était une chose de l'esprit, elle appartiendrait au passé. Or, ce qui nous intéresse est l'état présent où seule réside la réalisation du Soi. Pour s'ouvrir à quelque chose de radicalement nouveau, l'esprit doit délaisser tout objet de la pensée. Pour faire cela, nous devons rester comme nous sommes, sans interposer aucun mot, sans épouser aucune direction. Alors nous pouvons trouver la réalisation du Soi.

Si nous nous servons du temps pour trouver ce qui est infini, nous ne trouverons rien d'autre que ce qui est relié au temps. Tout ce que nous voulons trouver exprime le fait que nous ne l'avons pas en ce moment. Si nous trouvons ce que nous cherchons, nous allons le perdre à nouveau, parce que ce n'est pas notre propre nature, qui seule est la réalité du "Je suis". Notre propre réalité est la seule chose qu'on ne peut ni trouver, ni perdre ; puisqu'elle existe éternellement.

Il faut laisser tomber tout attachement de l'esprit par rapport aux idées, ou pré-conceptions, aux mémoires du passé, aux expériences d'hier et aux connaissances accumulées. Il faut délaisser tout ce que nous avons pu apprendre ou vécu, toute pensée, tout regret, toute douleur. Alors, il n'y a plus de mots, plus de sentiment personnel. Ce rien, est la porte qui s'ouvre à notre nature réelle. Tout vient de ce rien. Des univers en entier naissent et meurent en ce rien. Les êtres à l'infini vont et viennent en lui. C'est la réalité du "Je suis". Pourquoi ne pas être cela, puisqu'il n'y a pas d'autre réalité ? En ce vide, en cet espace illimité, il n'y a plus de problème à résoudre, plus de réponse à trouver. La conscience est et tout y est inclut.

Nous nous demandons peut-être comment nous pouvons vivre ainsi dans le monde et continuer à voir à nos affaires, puisque nous avons besoin de notre esprit pour cela. Cela est tout à fait simple. Nous disions que toute manifestation naisse de ce vide et qu'en lui, tout retourne. Alors l'esprit peut se manifester spontanément à travers les activités de tous les jours, comme la pensée peut occuper la place qui lui convient. Mais lorsque nous nous attribuons la responsabilité de nos pensées, ou de toute autre activité, nous nous érigeons en tant qu'entité différente de ses pensées et divisée des autres et de la vie. C'est le début de la souffrance, car la vie n'est pas ainsi. Nous ne pouvons pas essayer de vivre dans l'illusion du moi, sans nous causer des problèmes. Une fois exaspérée, nous cherchons des solutions et la roue ne finit plus de tourner. Pour mettre fin à toute complication, à toute souffrance, il faut mettre un terme au bavardage de l'esprit et demeurer, fondamentalement, qui nous sommes – ce vide, ce rien. Alors le Soi peut se servir de nous et nous permettre de vivre naturellement et en toute spontanéité, innocence et sans complexe.

Ce n'est pas nécessaire de s'arrêter sur les questions existentielles puisque l'esprit est lui-même la cause de tout problème. En fait l'esprit ne peut pas résoudre les difficultés existentielles, au contraire, si nous aimons la complication, nous n'avons qu'à continuer à nous en servir comme si l'esprit pouvait définir qui nous sommes ou donner un sens à notre vie. Mais si nous voulons nous reposer quelque peu, être ce que nous sommes réellement, nous n'avons qu'à embrasser le vide de la conscience – être signifie être ce que l'on est ici même. Il n'y a pas de comment, pas de technique ni de pratique nécessaire à être ce que nous sommes en ce présent puisque nous sommes déjà. Aucun effort n'est requis puisque le Soi est déjà réalisé. Nous ne faisons que de permettre au Soi d'être révélé.

En étant soi-même nous trouvons la réalisation du Soi. C'est à la portée de la main, la Terre elle-même est notre témoin. C'est ici même que se trouve toutes les réponses à nos questions. Il n'existe ni de passé, ni de futur, ni aucun endroit ailleurs qu'ici même. C'est ce qui est à comprendre. Alors si l'esprit ne poursuit plus aucune pensée, aucun objet de désir, ne cherche plus à fuir quoi que ce soit, alors pour lui, le présent peut signifier quelque chose. Si nous pouvons marcher à travers la vie sans fardeaux, sans pensée, nous pouvons goûter au nectar de la vie éternelle.

Ce qui est intéressant, est qu'au lieu d'être à moitié présent, ou pas du tout, lorsque nous nous adonnons à la seule réalité du Soi, nous devenons cent pour cent soi-même. Nous embrassons la plénitude de notre être lorsque nous sommes soi-même parce que, en étant soi-même, nous sommes Cela que nous cherchons. Ce que nous sommes n'est pas quelque chose de l'esprit. Ici l'esprit n'est d'aucune utilité. La plénitude de l'être existe dans le moment présent, et elle émane du vide de la conscience.

C'est lorsque nous nous retrouvons dans la conscience illimitée, que nous réalisons le potentiel infini de création résidant aussi en soi-même. C'est notre nature, notre essence légitime. Alors pourquoi s'arrêter à un petit coin de notre esprit lorsque nous pouvons embrasser la totalité de l'univers ? Il faut délaisser notre esprit ou simplement lui déléguer une importance secondaire, pour trouver la plénitude de l'être infini. Il n'y a aucun effort exigé pour être cette plénitude, parce que nous sommes déjà cette plénitude. L'obstacle est la conscience personnelle avec toutes ces mémoires, ces connaissances et ces désirs et attachements mentales et physiques.

Le moi survient avec l'identification aux pensées et au corps. Sans la pensée, il n'y a pas de moi ; de même que l'idée de n'être que le corps n'a aussi plus de sens. Alors pourquoi continuer à accorder tant d'importance à la pensée ? Croire que nous sommes la pensée, en se définissant par la pensée, est notre leurre ! Lorsque nous réalisons cela, nous pouvons laisser aller les questions reliées aux pensées.

Tout est inclus et fonctionne en équilibre totale dans la conscience puisque tout est conscience. Nos actions, nos pensées, nos paroles, on n'a pas à y penser. Cela est au-delà du niveau de la pensée. On ne peut essayer de comprendre avec notre tête. Il faut résider dans le cœur de notre être. Alors la vérité est flagrante, il n'y a aucun doute à avoir. Tant que cette réalisation n'a pas lieu, nous allons continuer à nous poser d'interminables questions, de même que nous ne cesserons de chercher des connaissances. Lorsque la conscience du "Je suis" est réalisée, tout se réalise par le fait même. Toutes connaissances se révèlent en elle, tout enseignement, tout mystère. Plus rien demeure dans l'ombre. Par conséquent, nous pouvons continuer à assurer notre petit quotidien, car plus rien ne peut nous toucher, nous ébranler ou nous créer de la difficulté. Au contraire, les moindres petites choses de la vie révèlent la présence du sacré et c'est cela la joie de vivre. Il n'y a pas d'autre bonheur que cela. Nous sommes ce qu'il y a de plus sacré. Nous n'avons qu'à être ce que nous sommes et c'est ce qu'il y a de plus simple. En cet endroit sacré, naturellement, nous exprimons la sagesse et la compassion, mais il n'y a pas de sujet en nous qui fait cela. Ces qualités s'expriment d'elles-mêmes, sans sujet, sans médiateur. Il n'y a pas la conscience du "Je", exerçant ces qualités. Nous vivons de façon totalement désintéressée, puisque l'essentiel est réalisé. L'esprit n'a plus aucun but, ni désir ni attente. La conscience pure voit à tout ce que nous avons besoin et nous permet d'agir de la meilleure façon que ce soit et dans le meilleur temps. Dans l'état naturel, tout se produit avec désintéressement, totalement de façon spontanée. C'est la nature du "Je suis". Quelles que soient les différences, les couleurs, les noms, les formes, l'essence demeure la même.

Que nous venions de la gauche ou de la droite, d'en haut ou d'en bas, cela est l'apparence éphémère. Nous sommes autre chose. Seule existe la présence du Soi et c'est la réalité vivante au-dedans de nous. C'est dans le cœur de l'être que le Tout-Puissant se fait entendre et non dans le mental. Au contraire, c'est en abandonnant l'esprit, que nous trouvons la seule autorité du Soi. Pour s'éveiller à la réalité du "Je suis", nous n'avons qu'à être nous-mêmes maintenant. Notre nature n'est pas d'être ceci ou cela, d'agir d'une façon ou d'une autre, notre véritable nature se trouve lorsque l'esprit n'épouse plus aucune pensée, plus aucune direction.

Lorsque le passé et le futur n'entrave plus le silence. Alors naturellement, l'esprit est à sa place, comme toute autre partie de soi-même. Pour fonctionner intégralement et avec la pleine conscience de ce que nous sommes, l'esprit doit faire Un avec la source, avec ce silence. Il n'y a pas de comment, pas de procédures, plus aucun chemin. L'esprit ne s'occupe d'aucune pensée, ni de direction. Le passé se révèle inexistant, comme le futur en face de l'état d'être parfait en lui-même. Il n'y a pas de formes, ni de mouvement, il y a simplement l'état d'éveil. Il n'est plus question ni d'aller, ni de venir. Il n'y a ni début ni de fin. La personnalité du "Je de la pensée" s'est évaporée ; de même que le monde. Un calme suprême règne. L'état d'être "Je suis" se révèle immuable. Là il n'y a plus de mots.

Chapitre XXX

Si la conscience est réalisée comme étant Une, il n'y a pas de second et par conséquent il n'y a pas de cause pour la peur. L'esprit humain confond le Soi avec la conscience et cela a comme résultat la souffrance. Mais en réalisant le Soi, il y a la fin de la peur, comme de la souffrance et il n'y a plus de doute. Toutes les douleurs de notre vie viennent de ce malentendu.

Nous prenons pour réel notre moi, lorsqu'il ne s'agit que d'un processus mécanique de la pensée étalant son ombre sur le monde perçu par les facultés sensorielles. La vie est filtrée à travers le conditionnement de notre esprit. Si celui-ci, par ignorance, entrave à la vie, le résultat est certainement la douleur. L'esprit prisonnier de l'identification avec le faux moi, est amené nécessairement à rencontrer le fruit de ses actions comme dans un miroir où nous ne pouvons plus éviter de reconnaître notre visage. Si, au contraire, l'esprit est libre de l'identification avec le faux moi il n'est plus responsable de ses actions, puisque seule demeure la conscience pure agissant spontanément à travers lui.

Tout ce qui émane d'un esprit unit à la conscience originelle, se trouve nécessairement aligné avec l'ordre naturel et cosmique des choses. L'esprit doit réaliser qu'il n'est ni le corps ni le sujet de ses pensées, mais qu'il est seulement un instrument du pouvoir supérieur. Que le pouvoir Suprême fasse ce qui est inévitable et qu'il permette à l'être d'agir seulement en accord avec ses prédilections. Les actions ne sont pas de l'esprit. Alors le résultat des actions ne peuvent ni venir de l'esprit. Si l'un comprend cela, il n'y a plus de problème ; les choses vont leur cours et c'est tout. Qu'il s'agisse d'activité mondaine, ou de pratique de méditation, cela est immatériel.

Le renoncement aux choses de ce monde a rapport avec le sujet des pensées, suivant lequel le monde apparaît. Il n'est ni question de fuir le monde avec ses difficultés, ni de s'efforcer à suivre quelque pratique spirituelle. Tout cela ne sont que des projections de l'esprit. Quand il est question de renoncer au monde et d'épouser un chemin solitaire, il est question de délaisser l'identification avec le sujet des pensées et d'embrasser, par là, le chemin solitaire, qui est le seul chemin ; puisqu'il n'y a que le Soi.

La solitude apparaît lorsque le moi meurt à lui-même avec ses pensées ; de façon à ce que seul ce qui est, le réel, demeure. Alors l'esprit est vraiment seul. Pour être seul il ne suffit pas de se retirer dans les montagnes. L'esprit transporte avec lui son bavardage et ses préoccupations et ses peurs. Que l'esprit soit au cœur des activités mondaines, ou seul dans la forêt, ce qui caractérise sa solitude n'a pas rapport avec les circonstances extérieures. C'est le moi qui brime l'esprit, l'empêchant de trouver le silence intérieur. Alors nous pouvons nous retrouver au cœur des activités de tous les jours sans que rien ne puisse nous entraver dans ce que nous sommes réellement.

Lorsque surviennent les difficultés, il faut se demander, à qui les difficultés surviennent-elles ? Par là, l'esprit remonte à la source et réalise que seule l'identification avec le sujet de la pensée, est la cause première des difficultés. Seules les pensées offrent des résistances aux mouvements des choses ; rendant l'esprit inapte à s'adapter aux imprévus et difficultés de la vie.

En soi, les choses et les phénomènes vont et viennent, cela ne peut être arrêté. Que l'esprit laisse tomber les idées qu'il se fait de lui-même. Alors, il n'y a plus d'opposé ni d'allé ou venir. L'esprit réside à la source et trouve la liberté.

Dans la conscience une, les phénomènes apparaissent comme un jeu de couleurs et de formes mais n'acquièrent aucune tangibilité, puisque seule est réelle la conscience une et permanente. Celle-ci demeure non affectée par les phénomènes. Alors pour l'esprit unis à la réalisation de la conscience Une, même la libération ne signifie plus rien. L'esprit ne fait plus qu'Un avec le Soi. Tant que l'esprit se refuse de voir que c'est le pouvoir Suprême qui agit à travers lui, l'esprit sera amené, malgré lui, à subir les conséquences de ses actions et à avoir à les rectifier afin de ne plus causer de douleur à lui-même et par le fait même aux autres.

La liberté n'est pas ce que l'on en pense. La liberté ne consiste pas seulement à faire ce que l'on veut. Cela est un mensonge. C'est une croyance qui nous incite à fuir la responsabilité qui nous incombe à faire fasse à nos difficultés et à remonter à la source de qui l'on est.

La liberté est un concept pour le prisonnier. Lorsque l'esprit réalise la seule existence, il n'y a plus rien à fuir. Le Tout-Puissant transporte nos fardeaux pour nous-mêmes. Puisque venant de lui, c'est en lui que nous nous retrouvons et accédons à la liberté. Que l'esprit se fixe dans le Soi et agisse comme si ses pensées et actions prenaient place par eux-mêmes. Alors les résultats de l'action ne peut plus l'affecter. Cela est l'action divine à l'œuvre. Il n'y a pas d'autres actions. Par ailleurs, nous nous questionnons au sujet de nos actions parce que nous sommes encore soumis au sujet de la pensée. S'il n'y avait pas l'identification au moi, il n'y aurait pas de doute ni d'idées concernant ce qui devrait être fait pour compenser les mauvaises actions. Que l'esprit demeure à la source et tout doute disparaîtra.

Le Soi est Un et pure et toute chose est issu de lui. Le sujet et l'objet procède de lui. Si l'esprit se confond au sujet, les objets apparaîtront nécessairement différents de lui. Ils sont périodiquement retirés et projetés, créant le monde et accordant au sujet une réalité. Si, au contraire, l'esprit sent qu'il n'est qu'un écran sur lequel le sujet et l'objet sont projetés, il ne peut plus y avoir de confusion et il peut observer leur apparition et leur disparition sans aucune perturbation par rapport à la conscience. La même chose s'appliquent à toutes actions. Si l'esprit ne pense pas que ses actions viennent de lui, alors l'esprit devient nécessairement libre de ces mêmes actions. Alors les actions vont leur cours sans attaché la liberté de l'esprit.

La difficulté qui se présente à nous, n'est pas de travailler à ce que nous puissions réaliser, un jour, le Soi. Cela aussi n'est qu'un concept. Le Soi a toujours existé ! Nous nous sommes investis dans de fausses identifications et aujourd'hui, nous subissons le résultat de cette ignorance.

Nous pensons que nous sommes le sujet de nos pensées lorsque c'est le pouvoir Suprême qui agit à travers nous. Nous ne sommes que ses outils. Si nous réalisions cela, il n'y aurait plus de difficulté. Mais puisque nous tendons à nous identifier au sujet de la pensée, l'esprit nourrit les désirs et les peurs ; lesquels agissent à travers lui et l'empêchent de réaliser sa vraie nature.

Aussitôt que l'esprit s'identifie au sujet de la pensée, il s'ensuit un processus de cause à effet qui s'entretient de lui-même. De ce fait, la réalisation de l'être pur est obscurcit par ses tendances latentes. L'esprit doit accorder une attention inébranlable sur ses obstructions, car celles-ci se présenteront tant et aussi longtemps que l'esprit s'identifiera comme le sujet de toute pensée.

Sans identification avec le sujet des pensées, tôt ou tard, les obstructions disparaissent d'elles-mêmes. L'esprit doit constamment porter son attention sur le fait qu'il n'est ni le corps, ni le sujet des pensées. De même qu'il doit adhérer à l'expérience directe de ce qui est. Une telle pratique libère l'esprit des habitudes et des tendances du passé. Par ailleurs, il faut parfois maintenir de la concentration lorsque l'esprit se retrouve prisonnier d'une profonde habitude mais c'est aussi du Très Haut qu'une telle nécessité s'impose à l'esprit.

Ce ne sont pas les interrogations intellectuelles qui vont permettre à l'esprit de se libérer de ses profondes obstructions. Il faut que l'esprit s'interroge, à savoir qui est cet observateur ? Il lui faut réaliser qu'il n'est ni le sujet des pensées ni le corps. Alors naturellement, l'esprit se détache de plus en plus de l'identification au moi et avec ce détachement, les obstructions sont amenées à disparaître en temps et lieux.

L'esprit doit fermement poursuivre son interrogation et expérimenter et reconnaître le vide du sujet de la pensée, avec le plaisir et la peur inhérent au moi. Seule cette entrée directe dans ce qui est peut libérer l'esprit. Celui-ci garde en mémoire les milles et une vie passées à travers l'identification au moi et c'est sur cette base que le moi, effectivement, se construit et se divise de la réalité. Ce qui empêche la réalisation, sont ces cicatrices du passé. Pour parvenir à la réalisation, il faut entreprendre la démarche solitaire. La marche sans entrave. De un, reconnaître la pré-existence du Soi, de deux y demeurer et de trois, voir le Soi se manifester à travers nous.

Il n'y a rien ni personne pouvant nous soutenir dans cette démarche. Transportant l'énorme bagage du moi, nous nous proposons de trouver l'ultime. Cela est une impossibilité. Pour commencer le chemin, il faut réaliser la nature illusoire du moi et entrer dans le silence de notre esprit et observer se mouvoir le jeu d'apparentes réalités. Si nous pouvons aller jusque-là, le reste prendra soin de lui-même. Les phénomènes n'apparaîtront plus comme des réalités de la vie, mais seulement comme des occasions d'observer les fausses identifications, de les laisser aller par le fait même et ainsi laisser s'exprimer le pouvoir incommensurable du "Je suis".

Chapitre XXXJ

Il ne suffit pas qu'il y ait une réalisation du "Je suis" pour qu'il y ait stabilisation de cette réalisation du "Je suis". Le "Je suis" comme tel, ni ne va, ni ne vient. Il est éternel. La réalisation du "Je suis", par contre, est du domaine de la conscience. Le "Je suis" est certainement à l'intérieur de l'expérience de chacun, mais pas comme nous nous l'imaginons. Je suis Cela qui est. L'expérience elle-même, en tant que stabilisation de la réalisation du "Je suis" est ce qu'on appelle le Samadhi. C'est la pleine stabilisation de la réalisation et expérience du Soi – Cela qui précède la conscience non seulement à un niveau de l'âme individuelle (Atman) mais aussi au niveau de l'âme universelle (Brahman). Le Soi est le Parabraman ; signifiant Cela qui précède la conscience sous son aspect immatériel – le non-manifesté et sous son aspect matériel en tant que conscience manifestée.

L'expérience du Soi peut survenir n'importe quand et pour n'importe qui. Mais la stabilisation prend place suivant un dévouement total de tout l'être jusqu'à ce que, toute conscience comme telle, se fonde dans cette seule réalité et suivant quoi, l'âme individuelle et universelle et le Soi ne font plus qu'une seule et même chose. Ce dévouement total, au contraire, n'est pas pour n'importe qui et très peu atteigne cet état qui, en fait, est un non-état puisqu'il ne reste que le Soi, suivant cette stabilisation. Essentiellement, c'est l'âme cosmique qui s'éveille du rêve de sa propre fabrication. Elle retourne à sa demeure dans le tout-puissant. Il ne reste que le Soi dans le sens où la conscience devient transparente – sans forme bien qu'ayant une forme, possiblement individuellement incarnée bien qu'universelle !

La simple réalisation du Soi ou l'expérience du Soi comme telle peut survenir n'importe quand lorsque l'esprit reste ferme dans l'attention qu'il accorde au "Je" de la pensée. Lorsque le "Je" de la pensée est perçue comme étant le centre des pensées, il se révèle comme étant l'universel lequel ouvre la porte au Soi. Cette réalisation peut se conserver, comme apparaître et disparaître. Cela dépend, d'une part, du poids karmique résidant dans la conscience et d'autre part, des habilitées développées ou du degré d'évolution de l'âme comme telle.

Avant que l'esprit puisse demeurer ferme face à la réalisation du Soi, toute trace inconsciente doit être extirpée de sa conscience, de même qu'une intégration et consolidation de la réalisation du Soi doivent aussi avoir pris place entièrement au niveau de l'âme individuelle. Le Samadhi est l'expérience et l'intégration parfaite du réel lequel est composé de l'union entre le Soi, l'âme universelle et individuelle. Mais le réel comme tel ne peut être défini sinon qu'il est simplement Cela qui n'a pas de nom. Le Samadhi ne survient qu'à travers l'ouverture à la conscience universelle unie à la source qui est le Soi. Ce qui ne peut être atteint qu'en le "non-esprit". C'est une transcendance de l'esprit tel que connu pour la plupart en tant que "moi". En transcendant le 'moi', pour ainsi dire, l'esprit adopte le "non-esprit" et c'est le plus loin où il puisse se rendre. Le reste, vient à lui par la conscience universelle. Le Samadhi entre en action lorsque, précisément, la conscience universelle comme telle, se réveille du rêve du moi séparé et entre, à nouveau, dans cette individualité maintenant éclairée et pour toujours unie au Soi.

Dans la réalisation du "Je suis", il y a la connaissance que seul le Un a toujours existé. À ce moment, nous laissons au Un le soin de s'occuper de notre vie puisqu'en lui réside toute intelligence. Alors il n'y a ni de moi, ni de "non-moi". Il n'y a plus ni l'existence, ni la non-existence.

Le "Je suis" demeure présent et est à l'origine de toute création ; cependant, les tendances latentes obstruent sa réalité, donnant naissance à l'illusion du monde et des objets de désir. Ce qui prend du temps, est non pas la réalisation du sublime, de la réalité du "Je suis", mais se sont les résidus mémoriels de la conscience qui demeurent enracinés en elle et qui demandent à être dépouillés. Tout individu porte en lui la lumière de vie éternelle, mais notre esprit est égaré dans les apparitions et les disparitions des phénomènes dû aux tendances latentes. Ce qui amène l'esprit à la libération est la constante pratique de l'introversion du mental. Cela amène l'esprit à la compréhension que la pensée n'est pas la réalité. Cette vigilance ne prend pas place par elle-même au début. Mais plus l'esprit s'éveille à la source du "Je suis", plus il se libère des traces inconscientes et permet à la réalité du "Je suis" de se prolonger en lui. C'est pourquoi, tant que l'esprit s'identifie à ses pensées comme aux objets de perception, la réalité de la véritable identité lui sera voilée et sa vie saura une source de confusion et de misère.

Il suffit qu'il y ait une seule perception du "Je suis", pour que tôt ou tard l'esprit y revienne ; puisque seule en cette réalité survient la lumière donnant un sens à sa vie. L'esprit n'a plus de choix que de poursuivre son investigation jusqu'à ce qu'il n'y ait plus aucune trace du passé gisant dans son inconscient. Alors c'est pour lui l'établissement possible et permanent dans le Soi.

Les tendances latentes ne s'évaporeront qu'à travers l'expérience répétée et directe et spontanée de la nature du "Je suis". La recherche d'expériences et connaissances phénoménales n'amène pas à cette expérience ultime. Cela peut aider et telle est sa fonction, mais en soi, elle ne révèle pas l'existence du Un ; au contraire, elle le contourne. Mais puisque l'esprit se limite à la fausse identification, il fait venir à lui les événements le mettant en face de la nécessité de se regarder.

Une fois l'expérience assouvie, l'esprit est de nouveau en présence du "Je suis", c'est-à-dire du vide de sa conscience. Dû aux peurs et aux désirs inassouvis du passé, l'esprit court après les expériences phénoménales, comme si la réalité du "Je suis" était extérieure à lui. Ainsi l'esprit, s'identifiant aux formes et objets de perception, s'enchaîne dans le temps et l'espace. Mais le désir même de vivre vient de la source de l'être.

L'esprit cherche son retour à sa vraie demeure, mais parce qu'il s'identifie au corps et aux objets de perception, il se perd dans la relativité des phénomènes et trouve la douleur. La réalité du "Je suis" est voilée par la fausse identification. Pour comprendre le monde, il faut entrer en soi-même et réaliser le Soi. Alors le monde peut retrouver son sens. Autrement l'esprit tourne en rond et donne suite à la nécessité du temps et de l'espace.

Pour trouver la réalité il faut libérer l'esprit de ses entraves. Cela se produit directement à travers l'interrogation face au sujet de la pensée. Cette attention révèle le vide du moi. Alors nous le laissons tomber par le fait même. Celle libération amène la réalisation du "Je suis". Cela est toute la beauté de la vie, pouvoir affirmer avec toute clarté : "Je suis". Nous ne sommes pas cette personnalité à laquelle nous tendons instinctivement à nous identifier. Cette identification est le passé. En ce présent, nous sommes.

Il n'y a pas lieu d'espérer un meilleur demain, ou à désirer aucune expérience, car le moi est inexistant dès le départ. L'expérience n'amène pas l'esprit à la libération. Mais puisque l'expérience amène l'expansion du moi, la souffrance lui est inhérente. C'est elle, à son tour, qui oblige l'esprit à réaliser l'inexistence de son identité, encore identifiée aux formes et aux objets.

Il n'y a pas de souffrance sans illusion et celle-ci vient de la fausse identification avec le mental et le corps. Seule l'expérience du vrai libère et permet au karma de ne plus porter de fruits. Les actions se produisent d'elles-mêmes, mais lorsque l'esprit n'est plus agissant, il demeure qu'un simple témoin ; la présence ou l'absence de ses pensées, ainsi que le déferlement de ses actions quotidiennes ne le touche plus. Que l'un soit vivant ou pas, l'action ne s'attache plus à lui.

L'esprit peut très bien habiter un corps en ce monde, sans pour autant subir les conséquences de ses actions. Au contraire, c'est lorsque nous nous en remettons à la réalité du "Je suis", que les actions se meuvent de la meilleure façon et avec des influences les plus bénéfiques. Essayer de compenser les mauvaises actions avec de bonnes actions est un jeu de l'esprit. Tôt ou tard, l'esprit devra réaliser que les choses se passent spontanément à travers lui et non de lui.

Tout se passe naturellement et spontanément ; telle est la vie. Nous ne sommes que des couloirs à travers lesquels les principes supérieurs d'existence systémiques se fraient des chemins. Au contraire, le but même de notre existence est de collaborer avec ses forces et non de les enfreindre à travers nos activités égotiques.

La fin de cette emprise égotique est, fondamentalement, notre responsabilité sur cette Terre. Le reste ne nous appartient pas. La vie connaît très bien son cours. En l'immensité de l'être en soi tout est très bien organisé ; sans comparaison avec ce que le mental humain ne pourra jamais concevoir. Ce qui est, est la seule réalité et l'organisation implacable des univers existe par la seule raison de cette réalité de l'être en soi.

Pour atteindre le but de la vie, il faut réaliser notre véritable identité. Se calmer l'esprit et aller à la source de notre être et nous tenir fermement en ce centre. Il n'y a pas de vie équilibrée sans être équilibré soi-même. La réalisation du Soi est à elle seule le début et la fin.

Lorsque le Monde est perçu comme étant inexistant, puisqu'au-delà de toute projection mentale, l'un réalise l'inébranlable réalité du "Je suis". C'est la libération suprême, même si nous habitons un corps et soyons occupés avec les affaires du Monde. Le Soi demeure inaltéré ; même au beau milieu de la corruption. Celle-ci apparaît comme n'étant qu'une ombre de l'esprit, mais inexistante par rapport au Soi. Alors il faut moins se préoccuper de ce que la vie devrait ou ne devrait pas être. Seul l'esprit isolé, encore faussement identifié à la forme, se préoccupe de telles questions.

Se retrouver dans la présence d'une âme réalisée, est certainement d'une grande beauté et d'une grande aide. Cette rencontre se présente toute seule lorsque le moment est venu. En cette présence les tendances latentes sont inexistantes puisque transmuées et ne pouvant pas vibrer au même niveau énergétique émanant d'une âme réalisée. De cette façon l'esprit peut accéder à la vision pure des choses et à expérimenter l'ultime réalité. Mais il reste encore des efforts à faire afin que l'esprit soit capable de se retrouver face à lui-même et en mesure de percevoir la réalité par lui-même. D'ailleurs, se sont ces efforts qui amènent l'extinction des tendances latentes, permettant à la libération de prendre place et à élargir la conscience.

D'autre part, il ne suffit pas de se retirer du Monde et de s'appliquer à pratiquer la méditation afin de demeurer dans la présence du réel. La méditation prédispose l'esprit, en quelque sorte, à demeurer dans la vigilance. Mais l'esprit doit trouver la possibilité de demeurer dans cette présence méditative au cœur même de l'agitation. Cette pratique est autant bénéfique que celle passive. Par ailleurs, le but derrière l'effort de demeurer à la source, est le non-effort. L'esprit médite jusqu'à ce qu'il soit capable de percevoir directement, sans aide, sans médiateur la réalité immanente du "Je suis". Alors le Monde apparaît comme n'ayant jamais existé. C'est une révélation qui désormais s'empare de l'esprit.

Rien à jamais eu de début ni de fin. Nous avons toujours été et serons toujours. Telle est la vérité. Le "Je suis" est au-delà de l'apparition et de la disparition. Toute création existe en l'infini, mais celui-ci se tient indépendant. Alors nous pouvons être Cela où que nous soyons, quoi que nous fassions. Que la nature s'occupe d'elle-même, mais que l'esprit soit vigilant. Telle est notre rôle, notre destinée. C'est la destinée de l'entière création. La réalisation du Soi est la réalisation de la création entière. C'est un événement cosmique et non simplement individuel. La création débute et se termine en l'esprit. Pour trouver la vie, il faut naître à nouveau. Il ne suffit pas de naître en ce Monde ou dans l'au-delà. Il faut naître à la vie du "Je suis". Ce n'est pas une simple naissance mais une résurrection.

Il n'y a pas d'autre vie, pas d'autre mort, il n'y a qu'une vie et une seule mort, il n'y a que cela qui existe éternellement et en ce moment. Cela est au-delà de toute existence ou de toute non-existence. Il n'y a ni l'apparition ni la disparition. Le but est le départ. La réalité du Soi est l'expérience naturelle de chacun.

Chapitre XXXII

C'est dans la nature de l'esprit que de se questionner sur l'au-delà, sur ce qui existe après la mort, ou sur les autres mondes, comme sur le passé et le futur. De même que c'est encore le moi qui se demande s'il existe un paradis ou un enfer. Le moi ne se satisfait pas de ce qu'il est, il lui faut jouer avec des théories et trouver des réponses à ses interminables questions imaginaires.

Le moi ne veut pas entendre la simple vérité de son quotidien, toujours présente et constituant l'expérience ultime. Cette vérité est celle du Soi. Le moi ne peut entendre une telle vérité, celle de l'unité. Cela est contradictoire à sa nature. Le fait est que le moi ne peut pas concevoir l'idée de sa propre mort. C'est pourquoi il se préoccupe de choses de l'au-delà et non du présent.

L'esprit ignorant confond le réel avec les objets perçus et demeure perplexe devant la souffrance qu'il engendre. Le sujet comme l'objet ne sont pas deux choses. Du fait de l'apparition du moi, il y a aussi l'autre. Le moi crée l'illusion de la séparation. De même, il n'y a pas plusieurs moi, il n'y a qu'un moi et c'est le Soi.

Le sujet apparaît au même moment que l'objet. C'est à travers une forme, telle le "Je" que le Monde survient. Le "Je" perçois à travers les objets auxquels il s'identifie et prend pour réel. Mais ce n'est que l'ignorance qui s'exprime de cette façon.

Du Soi émerge le "Je" et celui-ci, à son tour, crée le monde des objets, sans lesquels il ne pourrait réussir à trouver un sens à son existence. Ainsi le "Je" d'octroi une tangibilité en s'identifiant à ses projections mentales qu'il prend pour la réalité. Se retrouvant dans le monde qu'il a créé, il le croit réel et cherche à l'organiser et à le parfaire mais en vain.

Lorsque les objets de l'esprit ne sont plus, l'esprit aussi disparaît. Le "Je" apparais au même moment que l'espace et le temps. Sans dimension spatio-temporelle, il n'y a pas de "Je". Alors naît la nécessité pour le "Je" de devenir et d'arriver, à connaître et à réaliser.

En vérité, tout ce que nous cherchons, n'est autre que le Soi ; même si nous prenons le Soi pour un objet. Pour que nous nous identifiions aux objets de la conscience, nous fixons la plénitude de la vie dans le temps et espérons la trouver un jour. Mais cela est une ironie, puisque seule l'unité de la conscience a toujours existé. Si elle était quelque chose à trouver, elle serait quelque qui n'existe pas déjà. Or, tout ce qui naît doit mourir, ce qui a un début doit avoir une fin.

De l'ignorance nous cherchons la connaissance, mais ce que nous trouvons est le besoin incessant de toujours accéder à de plus vastes connaissances et il n'y a pas de fin à cela puisque seul est réel Cela qui ne peut être trouvé dans le temps et l'espace. Non seulement nos connaissances s'avèrent-elles sans fin, mais débutent avec l'illusion du "Je". Alors quelle réalité peut-être trouvée à partir de l'irréalité ? L'esprit, dans sa recherche de la plénitude, tourne en rond. L'ignorance est son ombre. L'ignorance doit se dissoudre pour permettre à ce qui est d'apparaître sous la lumière. Avec cela vient la vraie connaissance, comme la seule expérience. Il n'y a pas d'infinies connaissances comme d'expériences, celles-ci surviennent avec l'émergence du "Je". Il n'y a qu'une seule connaissance, comme une seule expérience comme un seul chemin.

C'est l'existence du Soi qui est à l'origine de tout ce qui vit. Pour percevoir cela, il est inutile de regarder à gauche ou à droite, dans le passé ou dans le futur, en haut ou en bas. Ces directions n'existent pas. Il n'y a ni de début ni de fin. Nous ne venons ni de la gauche ni de la droite et ni d'en haut et ni d'en bas. S'il y a un but à trouver, il ne peut pas être immuable. Le but doit déjà exister pour être vrai.

Le but existe déjà avant notre naissance et après notre mort. En vérité, nous ne sommes jamais nés et nous ne mourrons jamais. Seul le "Je" s'arrête à l'idée de la naissance et de la mort. Le corps naît puis meurt, mais sommes-nous le corps ? Si oui qu'est-ce que le corps qui naît puis meurt ? Il n'y a que le vide en cela et c'est ce à quoi nous sommes attachés. Peut-on être attaché au rien ?

Si nous percevons le Soi comme étant le moi, nous devenons ce moi. Si nous percevons l'esprit comme étant esprit pur, nous devenons cet esprit pur, de même qu'avec le "Je" et le corps. C'est l'idée, l'image mentale stimulée par la perception sensorielle, qui élabore les multiples enveloppes. L'ombre sur l'eau apparaît bougée. Est-ce que l'ombre peut arrêter de bouger ? Alors il n'y a plus que la lumière. De la même façon, il ne faut pas s'attarder au moi et à ses activités et ses buts, mais regarder la lumière derrière. La naissance comme la mort, n'ont plus de signification, de même que l'univers en entier.

En vérité, lorsque l'esprit s'éveille, il y a la réalisation que ni l'univers ni sa propre identité n'ont jamais existé. Seul le Un a été et sera. Cela qui n'a pas de nom, qui ne se trouve en aucun lieu, qui ni ne va ni ne vient. Alors il n'y a rien à comprendre ni de connaissances à trouver, ni aucune expérience à chercher. Seule la réalité éternelle du Soi existe. La vraie existence est le Soi et c'est ce que nous sommes. Ce que nous avons toujours cherché à connaître ou à expérimenter est déjà en nous. Il faut cesser de poursuivre le jeu des ombres et réaliser la seule lumière au-dedans de toute existence. L'état libre de toute projection est l'unique état. Il n'y a pas de telles choses que d'atteindre la réalisation ou l'ultime existence. Il n'y a pas un seul esprit qui ne puisse réaliser le Soi lequel seul confère un sens à notre existence. C'est l'esprit avec ses identifications qui brime notre conscience, l'empêchant de reconnaître le sublime au-dedans.

L'esprit se réveille inexistant sous la question "qui suis-Je". Puisque tout objet étant délaissé, l'esprit aussi s'évanouit ou laisse la place légitime au Grand Tout – l'omniprésence. Une fois que la nature réelle de l'esprit est trouvée, nous réalisons qu'il n'y a ni l'esprit, ni l'idée d'aucun but. Lorsque la réalité une est réalisée, l'esprit ne se trouve nulle part. Résidant dans l'unique existence, l'un n'a plus à se préoccuper de l'esprit. Pourquoi disperser notre énergie dans les choses de l'esprit, pour trouver que ni l'esprit, ni l'univers n'existe. Lorsque l'ultime réalité est perçue, le monde apparaît comme n'étant pas séparé du Soi.

Toute connaissance, toute expérience débute et se termine en le Soi. Il serait plus simple de se poser la question "qui suis-Je ?", au lieu de s'égarer dans les connaissances relatives pour trouver qu'il n'y a pas de fin en cela. Lorsque cette question se présente, à savoir qui "suis-Je" l'un réalise l'intangibilité de l'esprit et avec cette perception, les questionnements aussi révèlent leur futilité, de même que toute recherche de connaissance, comme d'expérience. Le "Je suis" à lui seul comprend toute connaissance, comme toute expérience. C'est l'origine et la fin, l'Alfa et l'Oméga. Cela est la véritable identité du "Je suis". C'est la réalité du Soi derrière l'incessant mouvement de la conscience manifestée.

Il n'est pas nécessaire d'essayer tous les chemins, d'expérimenter toutes les formes pour trouver l'unique réalité derrière toutes ces apparitions. Que l'esprit commence avec la question "qui suis-Je ?". Alors, peut-être que la nature réelle de l'esprit peut se révéler. Si toutefois cela ne s'effectue pas, il faut observer comment l'esprit est encore attaché à ses questions et encore dans le besoin de trouver des réponses.

Toute réponse se trouve dans l'unique question "qui suis-Je". Pour trouver la réponse à toute question, l'esprit ne peut pas se fier au temps ni à l'espace. Il lui faut entrer en contact avec la réalité du "Je suis". Si l'un ne se connaît pas, comment peut-il connaître le Monde ? Qu'elle est la valeur d'une connaissance ou d'une expérience qui fait place à une autre connaissance ou à une autre expérience ? Il n'y a pas de fin sur cette voie puisque la relativité du Monde n'est pas la nature de toute existence. Et qui se propose de trouver la lumière sur le Monde sans connaissance de soi ? Est-ce que le Monde se divise de soi ? C'est l'ignorance qui pousse l'esprit à chercher à l'extérieur ce qui seul existe à l'intérieur. Une fois la nature de l'esprit réalisée, à travers l'introversion du sujet de la pensée, il n'y a plus aucune direction à parcourir, puisque seule demeure l'unique existence d'où apparaissent et réapparaissent toutes existences.

Chapitre XXXIII

La vérité est simple et directe. Elle consiste en l'expérience de l'actualité de ce qui est en dehors du temps et de l'espace. La vérité demeure ouverte à tout esprit désireux d'accéder à autre chose que les connaissances et expériences mondaines. Toutes activités mettant en cause le moi, voile la simple réalité du moment présent en lequel se trouve la vérité et la vie.

Les activités du moi nous empêchent de nous révéler à nous-mêmes en tant que le Soi en qui seule habite la plénitude de la vie.

La vérité est tout amour. En elle, il n'y a pas de division ni aucune discrimination ni aucun intérêt personnel. Elle inclue toute chose, tout être, toute dimension. Toutes les couleurs se retrouvent en elle, ne laissant plus apparaître que la blancheur immaculée de l'esprit pur.

Il est faux de croire que la vérité soit difficile à trouver ou à réaliser. C'est le faux, au contraire, qui est la source de difficulté et de confusion. Le faux fait que nous soyons toujours en attente de quelque chose, continuellement désireux, à la recherche de quelque chose de toujours mieux. Le faux sème la peur et tend à éloigner l'esprit de la vérité. Le faux ne prédispose pas l'esprit à se demander "qui suis-Je ?". Au contraire, le faux dirige l'attention de l'esprit vers les choses extérieures. Comme s'il y avait à l'extérieur ce qui seul ne peut venir que de l'intérieur.

Tout ce que l'esprit acquière, il le perd aussitôt et le besoin d'acquérir refait surface à nouveau pour nous faire croire encore une fois que tout réside à l'extérieur et non à l'intérieur. Par conséquent, il ne faut pas s'accrocher à aucune croyance, aucune sécurité au niveau du mental. Rien de ce que nous pouvons voir, sentir ou penser ne mène à autre chose que le faux. Car, qui est l'entité qui sent ou qui pense ? N'est-elle pas qu'une autre partie de quelque chose d'encore indéniablement plus vaste ? Même le péché ou la vertu, le mérite ou le démérite ne sont pas ce qu'ils apparaissent. En général, le mauvais comme le bien sont des questions de conventions et de coutumes et sont rejetés ou acceptés selon la façon avec laquelle les mots sont utilisés ou dans le contexte qu'ils apparaissent.

Le bien et le mal existent au niveau relatif de la conscience encore prisonnière du moi et de ses principes moraux sans lesquels plus rien ne fait de sens pour elle. Par ailleurs, pour l'univers, de telles dualités n'existent pas. Pour l'univers, il n'y a que des perspectives différentes relatives aux dimensions à l'intérieur desquelles ces mêmes perspectives prennent place. Il en est ainsi pour tout ce qui peut se passer au niveau de l'esprit et de nos expériences. Il n'y a pas de bonnes ou mauvaises expériences, il n'y a que de différentes perspectives à travers lesquelles l'âme individuelle évolue.

La prison ne se trouve pas à l'extérieur, consistant en un phénomène extérieur à soi-même. La prison est à l'intérieur et c'est celle de l'esprit. Celui-ci doit trouver la paix en lui-même pour réaliser que la vraie force, comme les seules valeurs résident à l'intérieur de lui-même et qu'ils ne peuvent pas être imposés, ni même enlevés par les circonstances extérieures.

La vérité révèle que le vrai ou le faux n'existe pas vraiment mais que seul existe l'état d'éveil. Si l'esprit est éveillé, naturellement le bien émane de lui. L'éveil exprime la vérité du Soi lequel est Un et entier. Tout état d'équilibre et d'harmonie règne en ce Soi. Alors tout ce que l'esprit éveillé est amené à faire en ce monde, est nécessairement spontané et universellement bénéfique; l'esprit n'agit pas délibérément en ce sens.

Unit et un avec le Soi, l'esprit n'est plus conscient d'aucun principe moral que ce soit. Mais puisqu'il est dans un état éveillé, le Soi s'exprime et se révèle naturellement à travers lui. Alors les actions et les pensées de l'esprit se trouvent à leur place et se meuvent en toute spontanéité et de la meilleure façon possible et au bon moment.

Extérieurement, un tel esprit éveillé peut ne pas se distinguer des autres. Mais intérieurement, il est nécessairement éclairé d'une qualité incomparable, faisant de lui une manifestation du Divin. Seul l'éveil de l'esprit importe et non les croyances et les principes traditionnels et moraux ; lesquels ne signifient rien.

Dans l'actualité de ce qui est, il n'y a pas de limite ni aucune discrimination. Alors le passé et le futur disparaissent comme la distinction entre l'un et l'autre, le moi et le Monde, de même que la division entre le sujet et l'objet. Alors s'il n'y a plus de division, il n'y a plus d'ignorance ni aucun besoin d'agir dans le monde ou de se protéger du monde. Tout cela appartient au moi et à rien d'autre.

Dans l'éveil de l'esprit, il n'y a plus d'illusion, donc plus de monde. Au contraire, le monde et sa misère apparaît avec l'esprit. C'est l'esprit qui donne naissance au besoin de connaissances et d'expériences et qui amène à penser qu'il faut soit changer le monde, soit fuir le monde en s'imaginant arriver à se protéger ainsi.

La vérité révèle que l'illusion du monde n'existe à nulle autre place qu'en soi-même, c'est-à-dire en l'esprit. Pour sauver le monde, ou s'écarter de la misère de ce monde, il faut réaliser la nature irréelle, fausse de l'esprit. Alors l'autre, comme la misère du monde peuvent prendre fin. Penser que demain fera en sorte de nous libérer de la souffrance, est la manifestation même de cette souffrance. Pour s'écarter de la souffrance, nous devons réaliser l'illusion du moi et du monde. Alors il n'est plus nécessaire de chercher à fuir le monde ou d'essayer de le changer. En fait, ce qui en nous nous pousse à penser ou à agir ainsi, n'est pas autre chose que le moi.

C'est dans la nature du moi que d'accepter ou de rejeter. L'esprit éveillé lui, demeure immobile et ne choisit pas, mais agit spontanément, de la façon la plus implacable qui soit. Peut-être qu'extérieurement un tel esprit semble choisir ou rejeter, mais cela n'est que l'apparence extérieure perçu par un autre moi. C'est la Grâce du Divin qui est à l'origine de toute action. La liberté de l'esprit, ou le libre choix de la personne est un mythe. L'esprit crée l'illusion du moi dans le fait d'expérimenter la souffrance et le plaisir pour finir par réaliser que rien n'est jamais apparu ou disparu. La souffrance est le signe que seule demeure la permanence du Soi.

D'une certaine façon, puis-qu'infinie, la conscience s'exprime à travers de nombreuses formes, dont le moi de la conscience individualisée. Devenant consciente d'elle-même en tant que moi individuel, elle se trouve en face du désir d'expérimenter la division à l'intérieur de laquelle existe l'ignorance et la connaissance. Mais vient le temps où l'esprit réalise que son essence est le Soi. C'est maintenant, pour lui, le début de la pratique spirituelle. C'est le principe évolutif de conscience qui pousse l'esprit à réaliser sa vraie identité. Cela prend place d'une façon ou d'une autre en temps et lieux pour tout esprit. Le reste est secondaire et s'occupe de lui-même de toute façon.

L'esprit vient du Soi et retourne à lui pour fin de compléter le mouvement cyclique de l'évolution supra-mentale. Que l'esprit réside à la source de lui-même. De cette façon, l'un peu arriver à la vérité du "Je suis". Alors il n'est plus nécessaire d'aller ou de venir, d'accepter ou de rejeter. Aucun chemin n'est plus nécessaire de suivre ou à nier. Le chemin se révèle par lui-même et il n'y a pas deux chemins mais un seul. C'est le chemin de la conscience universelle. Le choix n'est plus important. La liberté n'est plus un but, car l'esprit est déjà libre, c'est cela la vérité.

Chapitre XXXJV

Pour comprendre qui nous sommes, nous devons réaliser la nature du "Je suis" et cela se fait négativement, c'est-à-dire, en rejetant ce qui n'est pas le Soi. Il faut comprendre que nous ne sommes pas ce que nous pensons être et oublier ce que nous avons été et ce que nous voudrions ou pourrions devenir.

La compréhension se présente spontanément, de façon naturelle, lorsque l'esprit est vide du mental. Le "Je suis" est notre véritable identité permanente. Ce n'est pas quelque chose de nouveau faisant l'objet d'une acquisition quelconque. Si tel était le cas, le "Je suis" ne serait pas permanent. Or, ce qui est nouveau devient vieux. Nous sommes donc amenés à comprendre que l'esprit, quels que soient ses efforts, ne peut pas accéder à ce qui le dépasse. L'esprit ne peut pas se comprendre par lui-même. Il nous faut une intervention supérieure laquelle ne peut venir que du Soi.

Nous avons ignoré ce qu'était le réel et nous continuons à nous agripper à l'esprit, lequel est irréel et aussi nous essayons de trouver ce qu'il est. Est-ce que l'esprit existe lorsque nous dormons ? L'esprit est présent maintenant, dans l'état éveillé. L'esprit est transitoire, puisque nous le retrouvons qu'à travers les pensées et celles-ci vont et viennent.

Est-ce que l'esprit peut être trouvé par l'esprit ? Celui-ci n'est pas ce que nous sommes. Nous pensons que nous sommes notre esprit et par là nous voudrions le connaître. Si l'esprit se trouvait en un lieu précis, il pourrait être connu et surveillé. Mais l'esprit n'existe par vraiment. Nous croyons qu'en cherchant à droite ou à gauche, dans les livres, ou dans les pratiques de méditation intensive nous parviendrons à le connaître ; mais cela est une perte de temps. Il faut comprendre cette vérité en posant la question "qui est l'entité se proposant de trouver ce qu'est l'esprit ?". Cela n'est qu'une pensée et lorsque nous nous attachons à une pensée, au même moment nous croyons en l'existence d'une entité pensante que l'on nomme l'esprit. Est-ce que l'esprit existe indépendamment des pensées, à quelque niveaux que cela soit ? Se mettre à la recherche de l'irréalité est sans fruit. Par conséquent, il faut plutôt trouver le Soi et délaisser les questions de l'esprit. Cela est la façon de contrôler l'esprit pour ainsi dire ou de le connaître.

Il n'y a qu'une seule chose de réelle – Cela qui est le Soi et c'est ce que nous sommes en vérité en ce moment. C'est l'unique existence qui a toujours existé et qui existera toujours. Pour réaliser Cela, l'esprit n'est d'aucune aide.

La vérité devient évidente et se révèle dans le silence. Il n'y a pas de voie ni de moyen ni de temps dans la réalisation de ce que nous sommes réellement. Ce qui prend du temps, est la libération finale, irrévocable par rapport aux tendances latentes. Mais à force de réaliser que nous ne sommes pas l'esprit et qu'il n'est donc pas nécessaire de s'accrocher à nos pensées ou de les alimenter ou de les rejeter, nous nous établissons de plus en plus fermement dans la seule existence du Soi.

C'est par persévérance et discipline que la fausse identité s'évapore effectivement, laissant pénétrer la lumière de plus en plus abondante. Un maître devient un maître par cette seule pratique et pas autrement. Ce sont les prédispositions mentales qui demandent à être extirpées du champ de la conscience et se sont ces mêmes prédispositions qui non seulement nous attachent au passé, mais qui créent le futur, nous obligeant à retourner dans cette sphère d'activités illusoires ayant comme base le "Je". Ces dépendances sont les fruits de nos désirs et de nos peurs et de nos misères. En questionnant le sujet des pensées, l'esprit se calme et perçoit la nature vide de ses dépendances mentales.

C'est parce que nous ne faisons pas face à nous-mêmes, que nous nous projetons constamment à l'extérieur et que, par conséquent, nous cherchons à nous trouver à l'extérieur. L'esprit ne peut regarder qu'à l'extérieur de lui-même. Au moment où, effectivement, l'esprit se regarde à l'intérieur, il y a, instantanément la réalisation de sa vacuité et avec elle, naturellement, se détache les traces et les attachements du passé. Telle est la voie directe menant à la réalisation du Soi. L'esprit ne se suffit pas de se poser la question "qui suis-Je ?" et de rester avec cette question sans chercher à attendre des réponses. Il lui faut trouver quelque chose d'autre que lui-même, c'est cela l'état de contradiction inhérent à la manifestation de l'esprit.

Il n'est pas nécessaire de chercher à apaiser l'esprit. Qui se propose d'apaiser quoi ? Seules les pensées nous amènent à prendre telle ou telle autre direction. Mais lorsque nous demeurons seuls face à l'affirmation "Je suis", sans attendre aucune réponse, ce que nous sommes vraiment devient évident. Aucun médiateur ou moyen ou situation extérieure ne peut mener à cette réalisation qui seule peut survenir dans le moment présent.

Pourquoi se préoccuper de faire taire l'esprit ? Qui s'en préoccupe sinon l'esprit lui-même et pourrait-il s'en préoccuper sans les pensées qui y sont reliées ? Est-ce-que l'état de l'esprit ou le contenu de l'esprit se sépare des pensées auxquelles l'esprit choisit d'attribuer de l'importance ? Est-ce-que l'état comme tel que nous ressentons se sépare aussi des pensées ? Évidemment, l'approche que nous avons de nous-mêmes ne se sépare pas de ce que nous expérimentons et cette approche particulière définie, en quelque sorte, qui nous sommes ou qui nous croyons être précisément.

L'esprit vient et va comme toute autre manifestation. Il faut simplement demeurer le témoin des pensées pour nous apercevoir que malgré cette activité du monde manifesté, nous demeurons immobile et inébranlable puisque telle est la nature du "Je suis". Alors le monde peut continuer à aller et à venir, de même que les pensées. De même que nous pouvons choisir de créer ce que nous voulons voir dans notre vie sans nécessairement nous identifier en tant que cette forme manifestée.

S'il n'y a pas d'observateur donc, les pensées ne peuvent pas demeurer et laisser leurs traces en arrière dans la conscience. C'est lorsqu'il y a l'observateur, qu'une réalité est accordée aux pensées et que, par conséquent, cet observateur s'en nourrit, donnant naissance au passé comme au futur.

Intérieurement, l'esprit procède par la négation pour se comprendre lui-même. Pour trouver ce que nous sommes en réalité, il faut abandonner les idées sur ce que nous pensons être. L'esprit, en réalisant ce qu'il n'est pas, devient ce qu'il est vraiment – cela qui est l'espace dans lequel les formes apparaissent et disparaissent.

On n'entreprend pas une bataille contre l'esprit. Avant de s'élancer dans des projets, des pratiques ou des systèmes, l'esprit devrait se poser la question qui "suis-Je ?". Qu'il y ait un mouvement à gauche ou à droite, cela est secondaire et n'affecte pas cela qui transcende toute chose. Alors il ne faut pas avoir peur du mouvement. Au contraire, nous devons apprendre à plonger en plein dedans et à réaliser que cela qui est notre vraie identité ne change pas. Chaque chose prenne soin d'elle-même, laissant la liberté à toute autre chose d'aller leur cours naturel et inévitable. La réalité du Soi est omniprésente, comprenons le bien. Par rapport à l'esprit, le monde est irréel mais dans la réalisation de la vraie identité, le monde est réel.

Quelle que soit la manifestation, seul le Soi demeure. Les phénomènes ne font qu'aller et venir en lui et cela à l'infini. Alors il n'y a rien qui ne soit pas soi-même. Il ne faut pas craindre la dissolution du moi personnel. Devenant ce rien, il n'y a plus rien qui ne soit pas une partie de nous. L'ironie naît de ce que nous avons peur de ce rien. Nous nous accrochons à l'illusion du moi personnel, lequel est un faux semblant. C'est de cette façon qu'en fait, nous ne vivons pas vraiment mais que, plutôt, nous soyons dans le rêve et non dans la vraie vie. La réalisation de la vraie identité, n'amène pas l'expérience des phénomènes, mais au contraire, elle permet l'expansion et l'épanouissement de ses mêmes phénomènes. Cette réalisation abolit l'illusion du moi personnel et en même temps, elle amène avec elle non seulement l'élargissement de la conscience mais aussi et surtout l'expansion de l'âme individuelle en communion étroite avec la création entière dans sa danse expansive infinie.

Chapitre XXXV

Le bonheur que l'on cherche à travers les activités de l'esprit, n'est pas autre chose que le plaisir. Comment l'esprit pourrait-il chercher ce qui est au-delà de lui-même ? Le bonheur est certainement relié à l'existence infinie du Soi. Nous parlons ici d'un état d'être permanent et indépendant du monde extérieur qui va et vient.

Lorsque l'esprit réalise la nature fabriquée et illusoire du désir, il parvient à l'immobilité de la conscience où la différence ne signifie plus rien. Il n'y a rien qui existe isolément. Tout ce qui existe est le Soi, ce qui est en soi-même. Se voir en tout et voir tout le monde en soi-même doit être la source de l'amour, d'où vient le véritable bonheur. Si celui-ci faisait l'objet d'une recherche ou d'une quête, il serait quelque chose du temps et de l'espace. Ce qui s'acquière devient vite vieux et l'esprit est à nouveau en face du besoin de toujours parfaire son monde.

Le bonheur, comme l'amour est certainement quelque chose d'éternel, qui n'a aucun rapport avec ce qui a un début et une fin. Nous parlons de la qualité intrinsèque de l'être entier et vrai, qui est soi-même. Le bonheur est en fait la vraie nature du "Je suis". Lorsqu'il y a ni début ni fin, il y a, manifestement et réellement cette réalité de l'amour inconditionnel et infini ; c'est le Divin en nous. En réalité, ce que nous appelons le bonheur est ce que nous associons au désir.

Nous identifiant au corps et à l'esprit, nous cherchons la continuité de soi-même à travers le désir. Comme nous nous limitons à la forme et aux objets de la pensée, l'esprit s'emprisonne dans les phénomènes transitoires où ce qu'il trouve est nécessairement la souffrance puisque rien de ce à quoi il s'attache est permanent et tangible. En réalité, ce que l'esprit désir en s'identifiant à la forme, n'est pas autre chose que le fruit de sa propre imagination. La vie, en elle-même, est autre chose. C'est l'infini de l'être éternel d'où toute existence naît et en lequel toute vie meurt. La naissance et la mort viennent de cet infini mais ne sont pas cet infini.

Si l'esprit réalisait la nature transitoire des phénomènes, il ne serait certainement pas à leur poursuite ; mais laisserait la vie s'occuper de ses manifestations tout en incarnant parfaitement les qualités nouvelles issues de l'union avec le Soi.

Par rapport à la réalisation du "Je suis", il n'est plus important pour l'esprit de croire ou de ne pas croire, de poursuivre une direction ou une autre. La vie ne cessera pas pour autant de poursuivre son cours et ce qui est destiné à survenir, surviendra de toute façon, comme ce doit devenir ou évoluer, se passera aussi naturellement. En attendant, l'esprit a la tâche de se questionner, de remonter à la source de ses pensées et réaliser que l'entité tangible qu'il croit être, n'est qu'un ramassis de pensées accumulées en arrière plan.

L'individualité est autre chose. L'origine de ce mot signifie indivisible. L'individualité est l'harmonisation de l'esprit avec les différents corps le composant, de même qu'avec la conscience universelle et cette individualité trouve son plein épanouissement dans l'union avec le Divin ; suivant quoi l'individualité comme telle s'imprègne et incarne cette Divinité. En fait, ce qui se passe, c'est le Divin lui-même qui s'empare de l'esprit et de sa vie. Dès lors, tout se passe de façon spontanée et de la meilleure façon que ce soit. L'individualité poursuit son chemin tant qu'il y a le corps et l'esprit. Mais lorsque l'esprit s'est entièrement libéré des tendances latentes, c'est pour lui le début d'une existence dans l'éveil ; ce qui caractérise l'ascension spirituelle.

Les mondes créés existent pour l'esprit. Mais au-delà de l'esprit il n'y a plus de mondes, ni d'involution ou d'évolution. Se ne sont que des termes conceptuels exprimant le degré d'avancement de l'esprit par rapport à l'unité. Alors il n'est pas nécessaire de scruter les mystères de la Création. Tout est inclue dans la conscience infinie. Il faut trouver qui nous sommes en premier lieu. Il est certain qu'avant d'en arriver là, l'esprit passe des temps innombrables à la recherche de sa vraie nature et du mystère de la Création. Mais vient un temps où cela ne le satisfait plus, alors il finit par s'en remettre au Soi, même s'il n'arrive pas à comprendre ce qui se passe au début. A partir de là, sachant que ses connaissances ne le servent plus à rien, il peut commencer à s'interroger sur ce qu'il est vraiment et indépendamment de ses pensées.

Il n'y a pas de résolution à trouver aux problèmes et aux doutes de l'esprit. Il faut s'exercer à intérioriser le mental de façon à ce que nous parvenions à la source du "Je". L'esprit réalise que ce ne sont que des réactions du passé, des habitudes de fonctionnement et de pensées qui persistent à vouloir se poursuivent, puisque l'esprit n'a pas encore réalisé sa vraie nature infinie. Lorsque cette réalisation a lieu, il peut commencer la vraie recherche, la seule démarche spirituelle authentique. Alors, il n'y a plus de retours en arrière. L'esprit a vu l'unité de l'être éternel qui est la seule réalité derrière les innombrables apparences.

Toutes réponses que l'esprit recherche résident en lui-même. Lorsque l'esprit se demande qui est l'entité cherchant ces réponses, naturellement il se calme et réalise le vide derrière les phénomènes. C'est cela qui le calme et lui apporte le bonheur qui, en fait, ne l'a jamais quitté. L'esprit peut poursuivre ces recherches si telles sont ses inclinations, mais qu'il demeure conscient qu'il n'est pas cet esprit à la recherche de quoi que ce soit.

La vie ne s'arrête pas dans la réalisation du "Je suis". Si l'esprit adopte une vue ou une attitude nihiliste, c'est qu'il n'est pas sur la voie mais embrasse une direction négative de sa propre fabrication. La réalisation ne réside ni dans l'activité, ni dans l'inactivité. Celle-ci est un état de l'esprit qui va et vient. La question est ni de poursuivre quelque chose, ni de cesser de poursuivre quelque chose.

L'expression du Divin en l'esprit est la qualité d'observation détachée où il n'y a plus aucune pensée ni opinion se dressant contre le flot naturel de la vie. Alors l'esprit peut percevoir sans l'entremise du sujet de la pensée. De cette façon le conditionnement de l'esprit peut être perçu comme étant réellement inexistant, comme est le monde. Alors plus n'est besoin de se préoccuper de l'apparition du monde ou de sa disparition. La réalisation de l'esprit n'est ni une arrivée, ni un départ ; mais se trouve dans l'éternité du Soi. À ce moment, quoi que nous fassions sera nécessairement bien. Mais ce n'est pas ce que nous faisons qui apporte le bien ou non, mais c'est la position de l'esprit qui détermine le bien fondé de la pensée ou de l'action. Si celui-ci s'identifie à ses pensées comme à ses actes, il est nécessairement la source d'encore plus de misère, même si le but sous entend le bien d'autrui.

Ce qui est essentiel est l'état d'attention sans observateur et sans but. Seul à travers un esprit dénué d'intérêt personnel, le Divin peut se manifester. Ce qui surgit d'une conscience aussi détachée, apportera inévitablement du bien pour non seulement les autres êtres humains, mais aussi pour l'univers dans son entier ; ouvrant la voie vers la lumière et c'est ce que nous laissons derrière et qui continue à aller de l'avant – une lumière toujours plus éblouissante, jusqu'à l'infini.

  Pour trouver la source du vrai bonheur, il faut regarder en soi-même et voir qu'en fait, nous n'avons jamais existé et que nous ne sommes jamais nés et que nous ne mourrons jamais. La création prend naissance en l'esprit. Lorsque la réalisation se présente en lui, le monde aussi se réalise. Désormais, le Soi regarde à travers nos yeux et se contemple lui-même dans le miroir de sa création entière. L'activité ou l'inactivité ne sont que des phénomènes qui vont et viennent, mais l'esprit perçoit en toutes moindres apparitions l'œil du Soi qui le regarde. Le monde est réel seulement lorsque "Je suis".

Chapitre XXXVI

Nous entrevoyons la spiritualité comme un chemin menant au perfectionnement de notre être, ou nous permettant d'atteindre une plus grande béatitude, une plus grande paix, un plus grand bonheur. De même, nous nous attachons fermement à l'idée d'une vie remplie de difficultés avec sa misère, son ignorance et nous nous servons de la spiritualité comme un pont nous permettant de croire qu'un jour nous pourrons nous sortir des difficultés existentielles dans lesquelles nous croyons être plongés et emprisonnés. Or, ce que nous croyons être la spiritualité est en fait une simple projection de notre esprit dualiste, espérant éviter de faire face à sa souffrance.

D'un côté nous poursuivons l'idée d'arriver à une identité plus raffinée et d'un autre côté nous voulons nous débarrasser de l'ego – de tout cela que nous n'aimons pas à l'intérieur de nous, qui représente nos limitations, nos faiblesses, nos manques, etc. Non seulement prenons-nous l'image d'une identité spirituelle comme quelque chose de réelle, mais nous prenons aussi l'image de l'ego comme quelque chose d'aussi tangible et incontournable. Quel qu'il en soit, l'identité spirituelle comme l'identité égotique sont toutes les deux irréelles ! Elles n'ont de réalité que parce que nous leurs attribuons de l'importance et c'est tout. Au moment que nous accordons notre attention plus sur un aspect de soi-même qu'à un autre, nous donnons naissance à la dualité en nous. Alors en poursuivant des idées dualistes telles ce que nous voudrions être ou ne pas être, nous mènent à rien d'autre qu'à un sens d'identité toujours plus inadéquat.

Il se trouve que ni la spiritualité, ni la souffrance n'ont véritablement de sens, sinon que dans notre imagination. Nous prenons pour acquis que notre vie soit remplie de limitations et que nous devons travailler fort pour que demain, peut-être, nous parvenions à trouver ce que nous cherchons. La société, l'environnement, l'histoire entière de l'humanité tend à nous faire croire que telle est la réalité, que la vie doit être une lutte continuelle entre le bien et le mal, entre le passé et le futur, entre l'ignorance et l'intelligence. Tout cela ne sont que des concepts, rien n'a de vrai.

Tout ce qu'on nous a enseigné, à travers les institutions, les religions, à travers nos proches, ne sont que des concepts que l'on répète inlassablement parce que l'esprit ne connaît rien d'autre. L'esprit ne peut pas connaître autre chose que des concepts parce que sans concept, évidemment, l'esprit n'est rien – ce rien que l'on cherche à remplir de sens toute notre vie !

La vérité ne peut pas être connue par l'esprit. L'unité de la vie, l'universalité et la vacuité de la conscience ne sont que des concepts pour nous. C'est pourquoi le passé comme le futur à travers quoi les concepts prennent place, ont de si grandes places en nos vies.

Sans le passé et le futur, l'esprit ne pourrait pas chérir les concepts, les idées sur ce qui devrait-être, ou ne devrait pas être. Il lui faut des exemples, des fabulations, des comparaisons, des idéaux et explications sans fin. Mais lorsque nous commençons à interroger le sujet pensant, les fondations se mettent à trembler, parce que l'esprit ne s'interroge difficilement sinon à travers des questions où il cherche des réponses. Si l'esprit cherche des réponses, ses questions ne sont pas de vraies questions. Il n'y a pas de questionnement lorsque nous cherchons des réponses à l'extérieur de soi. C'est ce que nous appelons tourner en rond. En cela l'esprit est habile, il adore tourner en rond, se répéter toujours les mêmes histoires, pensant toujours aux choses du passé et se projetant dans le futur.

Lorsque l'esprit se pose la question : "qui suis-Je en définitif ?", ses connaissances et ses expériences ne signifient plus rien. Il se retrouve seul, inadéquat et confus. Il préfère ne pas se poser une telle question. De même qu'il aimerait mieux retourner à ses affaires, à son bavardage habituel. Ce n'est pas dans les habitudes de l'esprit que de se poser la question qui "suis-Je ?". En posant la question "à qui appartient la souffrance ou la spiritualité ?", y a-t-il une entité qui souffre ou qui devient spirituelle ? Qu'elle est donc cette entité à laquelle nous attribuons une si grande importance ? Évidemment, lorsque nous remontons le cours de nos pensées, nous arrivons au sujet, et lorsque plus aucune pensée n'est entretenue, le sujet aussi s'évapore. Ce qui reste est l'état d'éveil. En cet état où la pensée n'est plus dirigée dans aucune direction particulière, les idées du bien et du mal, de la souffrance et de la spiritualité s'évanouissent en même temps. Ce qui demeure est ce qui a toujours été et qui sera éternellement, Cela qui est notre nature véritable. Cela est la vérité de ce que nous sommes ultimement. Ce que nous avons été, ou ce que nous allons devenir, n'est qu'une ironie, destinée à nous faire croire que le Soi n'est pas déjà réalisé à l'intérieur de nous. Cela est le plus grand mensonge que l'humain a pu se compter !

La liberté n'a jamais été quelque chose du passé et ne sera jamais quelque chose du futur. La liberté est déjà en soi-même, ici et maintenant ; quelle que soit notre situation dans la vie, où que nous soyons, quels que soient les événements nous entourant. Tout ce qui a lieu dans notre vie ne sont que des mouvements d'apparences, n'ayant aucune tangibilité puisque rien ne dure, tout passe. Tout mouvement ne se situe qu'à la périphérie de notre esprit. Toutes expériences possibles n'existent que dans le but de nous ramener indirectement à ce que nous sommes déjà – la réalité du "Je suis". Et ces expériences continueront d'être cherchées et de venir et d'aller aussi longtemps que nous ne parviendrons pas à réaliser et incarner le "Je suis".

Au cœur de notre être réside le Soi et il se tient immobile et indépendant de tout ce qui puisse se passer à la surface. Tout comme l'océan demeure non-affecté par les vagues qui vont et viennent à sa surface. Ce qui est réel et ne change pas, est le Soi. Quelle que soit notre pensée, ou quelles que soient nos émotions, si nous tournons notre attention à l'intérieur, vers l'entité qui pense ou qui ressent, nous réalisons que le Soi demeure inaltérable et inébranlable au milieu de tout ce que nous appelons notre vie avec tous ses tumultes, tous ses mouvements et ses couleurs. En réalité, seule la présence du Soi nous permet d'expérimenter ou d'être éveillé face à quoi que ce soit. Pour que nous soyons conscients de quoi que ce soit, la conscience doit exister déjà. Cela est un fait.

Lorsque nous croyons en la souffrance ou en la perfection, qui est l'entité derrière tout cela, derrière tous ces mots, ces croyances sans fin ? Si au moins nous nous posions la question "qui est le sujet de nos pensées ?" ! Il n'y a pas de temps ni d'espace dans l'état d'éveil au présent. Cela n'est pas une simple théorie mais quelque chose de réel qui peut-être vécu à n'importe quel moment de notre existence. Pour qu'il y ait quel qu'éveil que ce soit, l'éveil lui-même doit aussi déjà exister. Cette réalisation n'appartient pas à l'esprit mais c'est la conscience qui s'éveille à elle-même, retrouvant ainsi son union avec le Divin éternel.

En remontant à la source de notre pensée et du sujet de la pensée, qu'est-ce qui reste ? Où est le temps et l'espace ? Nous ne pouvons pas savoir qui nous sommes à ce moment ; pourtant, nous savons parfaitement que nous sommes ! Est-ce-que le temps et l'espace existent ailleurs que dans la pensée ? Ni le temps ni l'espace n'ont de réalité dans le Soi. Le temps et l'espace ne sont que des perspectives relatives à l'existence de l'esprit. Cela qui est soi-même en toute vérité, en cet instant même, n'a pas de nom et n'existe pas dans le temps. Ce que nous sommes dans le moment, est cette présence éternelle qui nous permet d'affirmer "Je suis".

Notre passé ou notre futur n'est qu'une fabrication de notre esprit, une façon que nous nous sommes trouvés pour nous détourner de notre propre liberté. En cet instant, nous sommes Cela qui est totalement libre et pleinement réalisé.

Nous ne parvenons pas à la réalisation du Soi. Celui-ci est déjà réalisé, c'est ce qu'il faut comprendre. Ce n'est ni une question d'effort, ni de volonté. L'esprit doit simplement se réveiller du rêve ; car il dort. Notre monde n'existe qu'en rêve.

Tant que nous attendrons de l'extérieur pour changer à l'intérieur, le monde du temps et de l'espace nous apparaîtra réel et absolu de même que la dualité qui nous fait souffrir. Mais lorsque l'attention de l'esprit se porte sur l'intérieur, à travers l'introversion du mental, elle devient le Soi et c'est ce que nous sommes. L'attention qui survient en l'esprit, est la même attention qui survient en le Soi. Lorsque cette même attention est dirigée sur les objets extérieurs, elle devient l'attention du mental et lorsque cette même attention précède la création d'objets, elle se révèle comme étant l'attention du Soi. L'attention est une seule et même chose. C'est le Don de la conscience.

Nous aimons croire que notre personnalité est tout ce que l'on connaît avec toute l'importance que l'on y accorde et à laquelle nous tenons. Il suffit que nous la questionnions légèrement pour réaliser qu'elle n'a pas d'autre importance que celle que nous lui attribuons. Puissions-nous remonter le cours de nos pensées pour réaliser que notre vie dispose d'une immensité en laquelle nous pouvons nous reposer et trouver notre liberté ! Qu'est-ce-que le moi, à qui appartient cette personnalité ? Existe-t-il un moi indépendant des idées que nous nous faisons de nous-mêmes ? Il n'y a pas de moi et donc de personnalité indépendante des idées que nous nous faisons de nous-mêmes. Alors pourquoi nous chercher dans ce qui est aussi insignifiant que la pensée ? Oui avec la pensée nous créons notre réalité, négativement ou positivement ! Il n'y a rien de mystérieux là-dedans. Peut-être qu'il nous faut jouer avec cela pour nous rendre compte de ce petit jeu de la loi d'attraction ! Pourtant la question de savoir s'il est possible de trouver quelque chose qui ni ne va ni ne vient viendra tôt ou tard frapper à notre porte puisque tel est le vœu profond de la conscience universelle ! Bénis soit-elle car Grâce à elle nous somme sauver !

La spiritualité, comme notre histoire de misère n'existe pas ailleurs que dans notre esprit. C'est ce qu'il faut voir profondément. Car la libération est ici même en nous, en ce moment. Elle n'existe pas ni dans le passé ni dans le futur. C'est notre nature inaltérable. Si elle était une question du futur ou même de dimension, elle serait relative à un état d'être, ou à un certain niveau de conscience. La vraie libération est au-delà de toute histoire personnelle, telle est sa beauté : elle est impersonnelle. De même qu'elle n'est pas un état puisqu'au-delà de la conscience même. Elle est la qualité intrinsèque de l'être éternel. Cette réalisation est ce qu'il y a de plus simple et de plus immédiat. Il n'y a pas d'autre réalité que cette réalisation. Tout mouvement, toute évolution apparaissent en elle mais ne sont pas elle. Ce qui est permanent en soi-même et qui nous permet d'être soi-même est cette réalisation. Le Maître intérieur nous guide à travers toute notre vie et c'est lui qui, au bout du chemin, nous retrouve pour se présenter comme étant nul autre que soi-même. "Je suis" est Absolu !

www.ingramcontent.com/pod-product-compliance
Lightning Source LLC
Chambersburg PA
CBHW051121160426
43195CB00014B/2286